Aria J. Saalem

Das Magiebuch der Kerzen

Tauche ein in die Hexenkunst der Kerzenmagie

Aria J. Saalem

Das Magiebuch der Kerzen

Tauche ein in die Hexenkunst der Kerzenmagie

Bibliografische Information der Österreichischen Nationalbibliothek.

Die Österreichische Nationalbibliothek verzeichnet diese Publikation in der Österreichischen Nationalbibliografie. Detaillierte bibliografische Daten sind im Internet über https://onb.digital abrufbar.

Für Fragen und Anregungen:
jessica.wacker@tintenschwur.de

1. Auflage 2022

Das Magiebuch der Kerzen: Tauche ein in die Hexenkunst der Kerzenmagie

Autor: Aria J. Saalem
Lektorat: Dein Alltagsglück | Eva Fischer| www.deinalltagsglück.de
Korrektorat: Dein Alltagsglück | Eva Fischer| www.deinalltagsglück.de
Umschlaggestaltung: Hyped Out Design | Timo Fuchs | www.hypedoutdesign.de
Umschlagabbildung: Tintenschwur | Jessica Wacker | www.tintenschwur.de

ISBN E-Book -
ISBN Print 9798839747302
ISBN Hardcover 9798840822739

Folge Buchauslese gerne auf Social Media:

Instagram @jessywacker
Facebook @jessywacker

*„Und plötzlich weisst Du: Es ist Zeit,
etwas Neues zu beginnen und dem Zauber
des Anfangs zu vertrauen.“*
-Meister Eckhart

Über die Autorin

Aria J. Saalem, am 25.02.1982 in Wilhelmshaven geboren, ist Spirituelle, Magierin, Heilerin sowie Natur- und Kräuterforscherin.

Schon früh begann sie, sich für das Übernatürliche und für Magie zu interessieren. Erstmalig wurde sie als junger Teenager durch eine TV-Serie auf Magie aufmerksam und schnell wurde für sie klar: Was für viele als fiktiv und als reine Erfindung von Fernsehen und Literatur gilt, ist tatsächlich real. Somit begann Aria J. Saalem bereits nach ihrem Realschulabschluss zu jobben, wo sie nur konnte, um sich anschließend eine Ausbildung zur Heilpraktikerin zu finanzieren.

Der gängige Weg einer Standardausbildung oder eines Studiums kam für sie nicht in Frage. Sie wollte herausfinden, welche Kraft sich in der Natur, im Geiste und in der immateriellen Welt verbirgt und ihr Wissen anschließend an andere weitertragen. Nachdem sie zwei Jahre lang als Kellnerin, Babysitterin, und Kassiererin gearbeitet hat, begann sie ihre Ausbildung zur Heilpraktikerin. Dabei betrachtete sie Körper und Seele als Gesamtsystem, das sich mit seiner Umwelt, der Natur und allem verbinden kann und somit dazu fähig ist, sich selbst zu heilen.

Während ihrer Tätigkeit als Heilpraktikerin, forschte sie vor allem im Bereich der Astrologie und Grünen Magie, praktizierte diese, verband bisherige Erkenntnisse mit eigenen Erfahrungen und dokumentierte diese. Der Schlüssel zu einem erfolgreichen und erfüllten Leben liegt für die Autorin im Visualisieren. Denn wer diese Disziplin beherrscht, vermag ohne große Mühe, Wunder zu vollbringen. Außerdem ist sie davon überzeugt, dass jeder Mensch fähig dazu ist, Magie auszuüben, denn dies zu tun, bedeutet lediglich, sich mit dem Universum und der Natur zu verbinden und Energien richtig fließen zu lassen. Ihre Vision ist es, dass die Menschen sich dessen bewusstwerden und sie ihre Augen für die immaterielle Welt und die Kraft, die dahintersteckt, öffnen.

Ihren Beitrag dazu leistet sie, indem sie ihr jahrzehntelanges Wissen in Büchern zusammenfasst, zahlreichen Visualisierungs-Coachings und Hexen-Kurse gibt und stetig als Kräuterforscherin tätig ist.

Ihr Motto:

„Die Magie steckt in jedem von uns das hat nichts mit Hokuspokus zu tun, sondern ist unser natürlicher Zustand, den es wiederzubeleben gilt.“

Inhalt

Einleitung

Magie korrekt zu beschreiben, ist nicht so einfach, wie man denken könnte. Jeder von uns hat eigene Vorstellungen davon, was Magie ist. Für manche ist Magie, oder auch Zauberei, das, was ein Zauberkünstler im Theater oder im Varieté darbietet. Für andere geht Magie mit Hexen, Magier und Zauberer einher und ist somit gar nicht real. Oder ist sie es vielleicht doch?

Generell wird Magie als etwas bezeichnet, das sich übernatürlichen Kräften bedient.

Magie kann auch ein Ausdruck von etwas sein, das jemand nicht glauben kann. Dies wird auch einem Wunder gleichgesetzt, ob positiv oder negativ.

In diesem Buch erhältst du einen umfassenden Einblick in die Welt der Magie. Ich erkläre dir, was Magie bedeutet, wo sie herkommt und auch, wie du sie selbst ausüben kannst. Dazu orientieren wir uns allen voran an der Kerzenmagie, einer einfachen Zauberkunst, die sehr gut für Anfänger geeignet ist. Aber Achtung, auch hierfür musst du ein wenig lernen und dir Zeit nehmen.

Hierzu biete ich dir nicht nur Anleitungen, sondern auch ein wenig Allgemeinwissen der Magie. Was hat zum Beispiel der Mond mit unserem Zauber zu tun? Welche Farben kannst du am besten bei welchen Zaubern verwenden? Benötigst du Düfte oder eine spezielle Kleidung oder gar einen Zauberstab?

Des Weiteren biete ich dir einen kurzen Einblick in andere Arten der Magie, damit du eine klare Vorstellung davon bekommst, was Magie alles ist und auch, was sie kann. Sollte dir eine Art der Magie nicht liegen, heißt es noch längst nicht, dass du aufgeben musst. Stattdessen kannst du deine Stärken in anderen Richtungen suchen.

MAGIE

Widmen wir uns zunächst einmal der Magie selbst und lassen die Ausübenden erst einmal außer Acht.

Magie ist etwas, das Einfluss auf Dinge und Personen, im Sinne von Gedanken, nehmen kann. Es geht hierbei um eine nicht sichtbare und nicht berechenbare Kraft. Es ist also weder mathematisch noch physikalisch zu erklären. Wenn wir von Magie sprechen, meinen wir heutzutage nicht irgendwelche Illusionen oder Zaubertricks. Diese gehören in Zaubershows und sind oftmals gut gehütete geheime Acts. Mit Magie ist allgemein gemeint, etwas Unerklärliches aufgrund des eigenen Willens, mit Hilfe von Ritualen oder Zaubersprüchen, Zaubertränken oder anderen ritualisierten Tätigkeiten geschehen zu lassen.

Doch auch die Astrologie, die Lehre der Sternzeichen, die Astronomie, die Lehre der Sterne, wie auch das Hand- oder Kartenlesen, Teeauslese oder Bleigießen galten vor allem in den Anfängen der westlichen Zeitrechnung als Magie. Überspitzt gesagt, ist sogar Religion eine Art Magie, wenngleich zum Beispiel die Christen daran glauben, dass es Wunder waren, die Jesus bewirkt hatte. Doch wie wir bereits gelernt haben, ist ein Wunder nichts anderes als Magie – etwas, was geschieht und dass man nicht erklären kann. Theoretisch ist auch der Okkultismus wie auch die Teufelsaustreibung reine Magie und Zauberei.

In der heutigen Zeit wird tatsächlich zwischen Magie und Zauberei unterschieden. Magie, im englischen Magic ist eher positiv belastet, während Zauberei, im englischen Witchcraft, sofern nicht als Zauberkunst zu verstehen, eher negativ assoziiert wird. Bei Letzterem wird tatsächlich oft an Hexen und Zauberer gedacht, wie Harry Potter, die Hexen aus Charmed, Bibi Blocksberg, vor allem aber auch Zauberer, die als Bösewichte und Schurken dargestellt werden. Die Magie, oder auch Zauberei, die ich hier in diesem Buch vorstelle, hat jedoch nichts mit der Welt der Filme und Literatur gemein.

Es geht nicht darum, einen Zauberstab zu schwingen und etwas schweben zu lassen. Auch mit einem einfachen Zauberspruch kannst du niemanden Pickel ins Gesicht zaubern.

Eine Armbewegung wird keine Gegenstände bewegen. Diese Art von Magie, so ist es in unserer mathematisch-physikalisch geprägten Welt allgemein bekannt, existiert nicht.

Magie ist weder gut noch böse und kann ziemlich neutral eingesetzt werden. Man unterscheidet grundsätzlich schwarze Magie, graue Magie und weiße Magie. Wir konzentrieren uns selbstverständlich nur auf die weiße Magie, deren Absicht es ist, Gutes zu bewirken und vor allem, niemandem – weder Mensch noch Tier – zu schaden.

Verschiedene Arten der Magie

Neben den bereits genannten Unterschieden der Magie, gibt es natürlich auch verschiedene Arten der Magie. Wie im Kapitel „Magie“ bereits erwähnt, gibt es viele unterschiedliche Anwendungen, auf die ich folgend ein wenig eingehen werde, um dir ein breites Wissen über Magie zu vermitteln. Letztendlich gehen wir in diesem Buch jedoch hauptsächlich auf die Kerzenmagie ein, die du am Ende mit ein bisschen Übung auch selbst anwenden kannst. Die verschiedenen Arten werden auch Techniken oder Anwendungstechniken genannt.

Zunächst biete ich dir eine einfache Übersicht, damit du dir vorstellen kannst, wie viele Arten oder Techniken es in der Magie gibt. Ich zähle hier nur diejenigen auf, die sich auf die weiße Magie beziehen und sicherlich kenne auch ich nicht alle Arten. Magie ist schließlich keine Wissenschaft, sondern etwas, mit dem man wächst und das einem das gesamte Leben über begleitet.

- Bewusstseinszustände
- Farbmagie
- Gegenzauber
- Heilzauber
- Kerzenmagie
- Liebesmagie
- Naturmagie
- Planetenmagie
- Schutzmagie
- Sigillenmagie
- Volksmagie
- Wahrsagen
- Wicca-Magie

Sicherlich hast du bereits von anderen Arten gehört, wie Voodoo oder Ritualmagie. Da diese Arten der schwarzen und grauen Magien angehören, wenngleich auch hier einige Zauber und vor allem dessen Absichten nicht immer negativ sind, gehe ich auf diese hier nicht ein.

Auch ist diese Liste bei weitem nicht vollständig, was die weiße Magie angeht. Es gibt immer wieder neue Zauberarten und Magie zu entdecken.

Bewusstseinszustände

Die Magie der Bewusstseinszustände kann man auch als Art Trance oder Meditation ansehen. Hier geht es darum, zum Beispiel die Fähigkeit zu erlangen und auszuüben, im Traum selbst die Handlung aktiv zu beeinflussen (luzides Träumen). Auch Astralreisen gehören zur Magie der Bewusstseinszustände. Für viele ist diese Art von Magie keine echte Magie, gehört stattdessen zur Erholung wie Yoga und Achtsamkeit. Oftmals wird dies auch dem esoterischen Bereich zugeordnet, wobei sich die Esoterik auch der Magie bedient.

Farbmagie

Farbmagie ist alles, was wir im Alltag tun und das sogar, ohne es wirklich zu wissen. Allein schon die Farbauswahl unserer Kleidung oder für die Frauen, die Wahl des Make-Ups. Sofort kommt der rote Lippenstift in unser Bewusstsein, der von so vielen gewählt wird. Oder das kleine Schwarze, welches Frauen gerne zum Date anziehen. Die Farbbedeutungen werden wir im Laufe des Buches noch kennenlernen, da sie auch in der Kerzenmagie eine besondere Rolle spielen.

Gegenzauber

Der Gegenzauber wird dann verwendet, wenn bereits ein Zauber gegen dich oder jemand anderen gerichtet wurde. Es muss jedoch nicht nur ein Zauber sein, es kann einfach das Leben sein, welches man mit einem Gegenzauber etwas steuern möchte, zum Beispiel wenn jemand eine Pechsträhne hat. Ein Gegenzauber ist grundsätzlich nicht mit einem Abwehrzauber zu verwechseln, da Letzterer stetig ist und nicht erst eingesetzt wird, wenn etwas bereits eingetreten ist.

Heilzauber

Heilzauber reichen bis weit ins Mittelalter zurück und waren fester Bestandteil der normalen Heilkunst. Der Name allein gibt bereits Auskunft darüber, was diese Art von Zauber tun soll. Nämlich vor Krankheiten schützen und diese heilen.

Kerzenmagie

Kerzenmagie wird manchmal auch Sympathiemagie genannt, da man möglichst viele Dinge, die mit (s)einem Wunsch harmonisiert, zusammenträgt. Dazu gehören nicht nur die Kerzen oder deren Farben, sondern auch das Licht, das Salböl, auch ein Räucherwerk, Blumen, Kräuter, die Mondphasen, der Wochentag, der Zeitpunkt sowie auch die Ritualkleidung. Auf all diese Themen werde ich jedoch später noch genauer eingehen.

Liebesmagie

Die Liebesmagie ist etwas tricky und es ist nicht genau definiert, ob sie nun zur weißen oder einer anderen Magie zählt. Hier ist die Intention ausschlaggebend. Natürlich sollten wir immer nur gute Absichten haben, wie zum Beispiel unserer Liebe eine neue Chance zu geben, keinesfalls aber die aktuelle Beziehung des oder der Ex zu zerstören.

Vor allem sind Liebeszauber aber auch kompliziert, gerade, wenn wir ein gebrochenes Herz haben. Denn unsere Stimmung bestimmt den Zauber ein wenig mit, dazu später mehr.

Naturmagie

Naturmagie ist nicht so einfach zu beschreiben, da sie sich über mehrere Arten der Magie erstreckt.

So ist die Wicca-Magie zum Beispiel ein Bestandteil, aber auch die Volksmagie. Generell bedient sich die Naturmagie, wie der Name schon sagt, an allem, was in der Natur zu finden ist. So spielen die Elemente eine Rolle, die Natur selbst und alles, was es auf der Erde gibt. Auch Kristallmagie, Metalle und sogar das Wetter fallen unter diese Kategorie.

Planetenmagie

Planetenmagie wird unter anderem auch planetarische oder astrologische Magie genannt und bedient sich der Energie des Universums.

Schutzmagie

Die Schutzmagie ist sehr einfach zu erklären, da der Name bereits Aufschluss darüber gibt, was Schutzmagie ist. Man wendet diese Art an, um jemanden oder etwas zu schützen.

Sigillenmagie

Sigillenmagie ist die Zauberei, in der man mit Sigillen arbeitet. Ähnlich wie Runenmagie.

Volksmagie

Volksmagie ist beinahe all das, was in der Magie praktiziert wird. Der Name stammt aus dem Mittelalter, als das Volk auf etwaige Rituale zurückgriff, um zum Beispiel gesund zu bleiben, während sich die Reichen und Adeligen Ärzte leisten konnten.

Eine kleine Abwandlung davon ist Powwow, was in den USA entstand.

Diese Bräuche werden teilweise noch heute von der Gesellschaft gelebt, ohne dass die meisten Menschen etwas mit Magie zu tun haben.

Wahrsagen

Das Wahrsagen ist für viele nur ein Betrug. Dennoch zählt es zur Magie und kann, sofern korrekt erlernt und mit einem offenen Geist, tatsächlich Dinge vorhersagen. Hier wird sich oft an Hilfsmitteln bedient. Viele kennen Tarotkarten oder Karten (Set) legen, andere wiederum lesen aus der Hand, auch Würfeln und das scheinbar willkürliche Schmeißen von Gegenständen wie Steinen kann beim Wahrsagen vorkommen.

Wicca-Magie

Die Wicca-Magie kommt von der Religion Wicca. In diesem Glauben hat alles eine neutrale unbenutzte Seele. Zudem wird hier sehr häufig auf die Natur eingegangen, weshalb sie oft mit der Naturmagie in Verbindung gebracht wird. Wicca-Magie ist heutzutage sehr weit verbreitet und beinahe eine reine Form der weißen Magie.

Die Wurzeln der Hexenkunst

Die exakte Herkunft der Hexenkunst kann man heute nicht mehr eindeutig belegen. Klar ist, dass die Hexenkunst schon sehr früh begann, sogar vor unserer modernen Zeitrechnung. Wir wissen, dass es zum Beispiel sogar bereits im alten Ägypten Hexen gab. Damals waren es Menschen, die an Dämonen und Götter auf Erden glaubten. Von praktischer Magie gibt es zumindest aus der Zeit noch keine Belege, wenngleich man davon ausgeht, dass Rituale bereits damals stattgefunden haben.

Ab dem 3. Jahrhundert unserer heutigen Zeitrechnung weiß man vermehrt über die Zauberei und Hexenkunst. Gerade im alten Rom wurde dies sogar geduldet, sofern es kein negativer Zauber war. Andernfalls wurde man schon damals bestraft und verbrannt. Das generelle Verbot von Zauberei entdecken wir frühestens ab dem 4. Jahrhundert und selbst das ist regional komplett unterschiedlich.

Bekannter sind dann sicherlich die Hetzjagden auf Hexen und Zauberer, wobei man tatsächlich mehr Frauen verfolgte, die dann auf dem Scheiterhaufen verbrannt wurden. Das lag daran, dass das Christentum in Europa derart gewachsen war und die Religion Hexerei und Magie mit dem Teufel und der Kommunikation mit ihm gleichsetzte.

Diese Verfolgungen endeten erst im 18. Jahrhundert, was wohl an dem wachsenden Wohlstand der Bevölkerung lag. Man hatte keine Hungersnöte wie vor dem 16. Jahrhundert mehr und schob dies somit auch niemandem mehr zu. Es war also unnötig, jemanden der Magie zu bezichtigen, allenfalls wäre es wohl für die meisten positiv ausgefallen.

Als 1782 die letzte Hexe öffentlich verbrannt wurde, änderte sich die Moral der Bevölkerung. Die Gesetze, die ab dem 4. Jahrhundert galten und im Mittelalter verschärft wurden, wurden überdacht und sogar hinfällig. Die Hexenjagd war beendet und somit sind Hexen, Zauberer und die Magie seit dem 19. Jahrhundert sicher.

Ihr Wissen haben sie jedoch immer weitergegeben, woraus wir heute unseren Nutzen ziehen können.

Kerzenmagie verstehen

Um Kerzenmagie zu verstehen, müssen wir uns einmal mit der Magie allgemein befassen. Wie schon zu Beginn des Buches erwähnt, ist Magie nicht mit heutigen Fantasyfilmen gleichzusetzen. Wir können keinen Zauberstab schwingen und das Licht anschalten, wir können auch nicht auf einem Besen fliegen, zumindest können wir damit nicht in der Luft schweben; fallen geht natürlich. Aber wie funktioniert Magie dann?

WIE FUNKTIONIERT MAGIE?

Um es ganz einfach auszudrücken, funktioniert Magie durch die Kraft der Gedanken. Es ist nun nicht so, dass jeder Gedanke ein Ergebnis mit sich bringt und wenn doch, dann ist es eben oft nicht offensichtlich. Aber die Gedankenkraft ist unanfechtbar real und stark.

Die Magie macht sich das zu Nutze. Indem du lernst, wie du deine Gedanken manifestierst und jede mögliche Ebene in deiner Fantasie, in deinem Wunsch, sehen kannst, kannst du Magie anwenden. Wie dir das gelingt, erfährst du in den Praxisbeispielen in diesem Buch.

Was die Magie nicht ist, ist ein Wunderwerk. So kannst du dir nicht einfach vorstellen, dass vor dir plötzlich ein großer Batzen Geld auftaucht. Wenn du aber gelernt hast, wie du deinen Gedanken die richtige Energie verleihst, wirst du Geld in Form einer Gehaltserhöhung, eines Gewinns oder sogar durch einen Fund erhalten.

Ich empfinde ein berühmtes Zitat von Aleister Crowley als sehr hilfreich, Magie in einem Satz zu beschreiben:

„Magie ist die Wissenschaft und Kunst, Veränderungen in Übereinstimmung mit dem Willen zu verursachen.“

Was ist Kerzenmagie?

Die Kerzenmagie ist sehr gut für Anfänger geeignet und eine Art der weißen Magie. Der Grund, weshalb sie so gut für Anfänger geeignet ist, dass wir beinahe jede Kerze nutzen können und diese auch in jedem Geschäft erhalten. Zudem sind die Rituale kurz und bündig, vor allem unkompliziert. Um es kurz und knapp auszudrücken, sind für viele Zauber der Kerzenmagie sogar lediglich eine Kerze und ein Spruch von Nöten. Jetzt fragst du dich vielleicht, weshalb du ein ganzes Buch darüber lesen solltest. Nun, wenn du eine begabte Hexe oder begabter Zauberer bist und Zauber schon seit Jahren anwendest, dann hast du recht, du brauchst das Buch nicht. Sicherlich bist du aber ein Anfänger in der Welt der Magie, sonst hättest du dir dieses Buch wohl nicht zugelegt, und gerade als Beginner ist es oftmals schwer, einfach nur einen Spruch zu sagen, um Ergebnisse zu sehen. Was alles dazu gehört, erfährst du von mir, detailliert und so, dass du auch als jemand mit Kerzenmagie arbeiten kannst, der noch nie etwas mit Magie zu tun hatte.

Wichtig für die Kerzenmagie sind zum Beispiel die Farben, auf die ich später noch gezielt und intensiv eingehen werde.

Auch dein eigenes Gemüt, deine Stimmung und die Intentionen hinter deinem Ritual sind wichtig. Eine starke Visualisierung ist hier das A und O. Solltest du damit zu Beginn Schwierigkeiten haben, ist das kein Problem. Denn auch bei Magie ist es so, dass Übung den Meister macht. Versuche vor allem immer, dein Ziel vor deinem inneren Auge zu sehen, und zwar möglichst detailliert. Vielleicht hilft es dir, wenn du aussprichst, was du dir wünschst. Erwecke ein Bild für dich und beschreibe es deinem Spiegelbild oder einem imaginären Freund. Womöglich aber auch einer Freundin oder einem Freund im realen Leben, falls du dich dazu entschließt, den Zauber mit jemandem zusammen zu machen.

Wichtig ist zudem, dass wir Kerzen nur für einen Zweck verwenden und eine bereits genutzte Kerze anschließend nicht für etwas anderes einsetzen. Das gilt auch für Dekoration. Kaufe dir Kerzen also extra für deine Rituale.

In der Kerzenmagie spielt das Element Feuer selbstverständlich eine tragende Rolle. Es bietet Wärme und symbolisch auch Geselligkeit, zudem fühlt man sich schnell geborgen. Religionen machten sich dieses Ergebnis von Kerzen sehr früh zu Nutze und noch heute findet man in Gotteshäusern Kerzen, die man anzünden kann. Das Feuer selbst repräsentiert in der Geschichte das komplette Leben. Entweder als Verwüstung oder als Neuanfang, als Nahrungslieferant sowie als Schutz. Ohne Feuer wären wir als Menschen nie so weit gekommen und unsere komplette Zivilisation wäre nicht das, was wir heute kennen.

Allerdings verbindet die Kerze sogar auch alle anderen Elemente miteinander. Das Feuer ist das Offensichtliche und wird in Form der Flamme dargestellt. Das Erdelement wird anhand des Dochts und der Kerzenbasis dargestellt. Wasser ist das Wachs. Sicher fragst du dich nun, wie das denn sein kann? Zum einen denken wir in der Magie immer ein Stück weiter, wir verwenden nicht nur die offensichtlichen Dinge, wie Wasser für das Element. Zum anderen ist Wachs in Mischung mit dem entweichenden Gas eine andere Form von Wasser. Der Sauerstoff, der die Kerze am Brennen hält, ist der Repräsentant von Luft.

Mein Weg zur Magie

Ich habe dir nun so viel über Magie und vor allem über Kerzenmagie berichtet und danke dir bis hierhin schon einmal für deine Aufmerksamkeit. Doch bevor ich dir nun im Einzelnen alles Wichtige erkläre, damit du Kerzenmagie anwenden kannst und sie hoffentlich auch verstehst, sollte ich mich vielleicht zunächst vorstellen. Denn wieso solltest du mir zuhören, wenn ich nur irgendjemand bin, der Dinge aus dem Internet und Büchen heraussucht und niederschreibt?

Doch genau das bin ich nicht. Ich praktiziere Magie nun seit mehr als zwanzig Jahren. Angefangen habe ich in frühen Teenagerjahren, eigentlich aus Neugierde. Ich bin schon immer von Magie fasziniert gewesen und musste es einfach ausprobieren, als im Free TV eine Hexenserie lief.

Der Anfang war schwer. Ich war ungeduldig und glaubte, ich müsse nicht alles befolgen, oder besser, ich müsse nicht alle Übungen machen, um Magie zu praktizieren. Doch ich wurde schnell eines Besseren belehrt. Konzentration ist wichtig, Übungen sind wichtig, Visualisierung ist wichtig. Es hat mehrere Monate gebraucht, bis ich die ersten Erfolge sehen konnte. Es kann viel schneller gehen, aber ich war wirklich ungeduldig.

Heute versuche ich, jedem die Wichtigkeit der Zeit mitzugeben. Von heute auf morgen wird man keine Hexe oder Magier. Es braucht Geduld, Zeit und Einfühlvermögen. Selbst nach zwanzig Jahren der praktizierenden Magie stehe ich ab und zu noch vor kleinen Rätseln. Dann nehme ich mir Zeit und rekonstruiere meine Rituale, versuche etwas Abstand zu gewinnen, überdenke meine Taten und beim nächsten Ritual läuft es besser.

Du siehst also, nicht nur am Anfang muss man lernen. Sondern auch noch nach zwanzig Jahren. Und ich wette, dass ich sogar in zwanzig Jahren, also nach etwa vierzig Jahren in der Magie, immer noch viel lernen kann. Der Weg mag dir lang erscheinen, doch die ersten Erfolge wirst du schnell bemerken. Gib nicht auf!

Kerzenkunde

Es ist wichtig, dass du die Unterschiede zwischen verschiedenen Kerzen kennst, um deinen Zauber richtig auszuüben. Auf die jeweiligen Farben, dessen Bedeutung und Macht werde ich später noch etwas intensiver eingehen. Vorerst ist es aber essenziell, dass du die verschiedenen Kerzenarten und auch Kerzenformen kennenlernst und verstehst, welche Bedeutung diese haben.

Zunächst noch ein Hinweis. Diesen gab ich bereits, jedoch ist es enorm wichtig, damit all deine Zauber funktionieren. Nutze eine Kerze nur für einen Zauber, nicht für mehrere, auch nicht für mehrere der gleichen Art. Lege sie dir genau für diesen Zweck zu, oder nutze zumindest Kerzen, die zuvor keine weitere Funktion hatten. Auch nicht als Dekoration. Standen sie bisher nur im Schrank, unbenutzt und ohne Sinn, dann ist es in Ordnung.

Um eine verwendete Kerze nicht zu verschwenden, solltest du sie, soweit der Zauber es hergibt, abbrennen lassen. Somit verbraucht sie all ihre Energie beziehungsweise setzt diese komplett frei und in den meisten Fällen wird dein Zauber dadurch stärker und gegebenenfalls sogar schneller funktionieren. Die Ausnahme bilden hier die Altarkerzen, auf die ich gleich noch näher eingehen werde. Generell gilt, dass deine Kerzen nicht zu groß sind. Zum einen erhöht es meist die Brenndauer, zum anderen sind zu große Kerzen auch einfach gefährlich.

Am Ende eines jeden Zaubers, solltest du dir überlegen, wie du mit der Kerze weiterverfährst. Muss sie abbrennen, damit der Zauber funktioniert? Oder sollte sie gelöscht werden? Ist Letzteres der Fall, achte darauf, dass du sie nicht einfach auspustest. Damit verscheuchst du die Energien, die du soeben heraufbeschworen hast. Lösche die Flamme stattdessen zwischen deinen Fingern.

KERZENARTEN

7-Tage-Kerzen

7-Tage-Kerzen brennen, wie der Name schon sagt, 7 Tage lang. Sie sind in einem Glas eingebettet, um den größtmöglichen Schutz zu bieten. Mit solchen Kerzen kannst du einen kraftvollen Zauber durchführen.

Altarkerzen

Altarkerzen sind für alle Rituale sehr wichtig. Sie stehen in den hinteren Ecken, außer dann, wenn nur eine Kerze im Ritual vorkommt, dann stellen wir diese in die Mitte nach oben. Sie sind die wichtigsten Kerzen bei unserer Magie, da sie den Beginn und das Ende des Rituals ankündigen, weshalb wir diese auch zuerst anzünden und zum Schluss löschen. Üblicherweise sind sie groß, brennen bei jedem Ritual und sind vorzugsweise weiß.

Was ein Altar ist und was du dafür noch alles brauchst, erfährst du im Laufe des Buches.

Chakra-Kerzen

Chakra-Kerzen stellen, wie der Name schon verdeutlicht, die verschiedenen Chakren dar beziehungsweise deren Eigenschaften. Diese Kerzen können wir zum Beispiel bei Heilzauber gut einsetzen.

Figurenkerzen

Figurenkerzen sind Kerzen, die Frauen und Männer darstellen, oftmals auch nur angedeutet, somit die Weiblichkeit und die Männlichkeit darstellen. Sicher hast du solche Kerzen schon mal gesehen, denn im klassischen Sinn sind auch Kerzen Figurenkerzen, die zum Beispiel als Tier geformt sind. Für einige Rituale machen männliche oder weibliche Kerzen, also Figurenkerzen, Sinn.

Doch auch Pentagramme, gewisse Köperteile, die wir vor allem bei Heilzauber nutzen können, oder andere mystische und esoterische Figuren, wie Engel, können vorkommen und von dir für deine Zauber verwendet werden.

Opferkerzen bzw. Votivkerzen

Die Votivkerzen, Opferkerzen, Opferlicht oder auch Votivlicht sind etwas kompakter als Teelichter und enthalten mehr Kerzenwachs, welches meist nicht komplett verdampft. Diese Kerzen verwenden wir für das eigentliche Ritual (nicht zu verwechseln mit den Altarkerzen, die wir quasi zur Aktivierung unserer Magie nutzen).

Hier würdest du auch auf die Farbe achten, die je nach Ritual gefordert wird.

Personenkerzen

Personenkerzen repräsentieren in unseren Ritualen die Person, um die es geht. Sei es der Mensch der Begierde in einem Liebeszauber, du selbst bei einem Glückszauber oder als Schutzzauber für jemanden. Die Farbe wird abhängig vom Sternzeichen des Menschen gewählt, alternativ kannst du auch die Lieblingsfarbe nutzen. Ist beides nicht bekannt, behilf dich einfach mit einer weißen Kerze.

Spitzen- oder Kegelkerzen

Spitzen- und Kegelkerzen sind dasselbe. Sie sind lang und dünn und brennen relativ zügig ab. Natürlich nicht so schnell wie ein Teelicht, aber immer noch schneller als die meisten anderen Kerzen.

Diese Kerzen lassen sich für alle Rituale verwenden und sie haben den Vorteil, dass du sie eigentlich immer komplett abbrennen lassen kannst.

Stumpenkerzen

Stumpenkerzen sind die Kerzen, die wir oft auf einem Adventskranz sehen.

Es gibt sie in verschiedenen Farben, in unterschiedlichen Größen und Brenndauern. Wie Opferkerzen kannst du sie in deinen Ritualen verwenden.

Teelichter

Teelichter oder Teelichtkerzen hast du sicherlich schon gesehen. Sie sind wohl die bekanntesten kleinen Kerzen, rund und in einem kleinen metallischen Behälter. Die Brenndauer ist oft etwa zwei Stunden lang. Diese Kerzen verwenden wir, wenn wir viele Kerzen brauchen oder ein Gruppenritual machen.

Zauberkerzen

Auf diese Kerzen kannst du getrost verzichten. Denn eigentlich sind es keine anderen Kerzen als die, die du bisher kennengelernt hast. Sie kosten einfach nur mehr. Tatsächlich kann es sein, dass einige Kerzen balsamiert oder mit Symbolen versehen sind und sie unter den Namen Zauberkerzen anstelle von Figurenkerzen zu bekommen sind. Wäge hier bitte ab, ob es sich nicht einfach bloß um Geldmacherei handelt. Denn du als Hexe oder Magier kannst jede normale Kerze selbst balsamieren und wenn du etwas geschickter mit dem Umgang mit Magie bist, kannst du auch verschiedene Symbole korrekt einritzen. Diese Kerzen sind allerdings keinesfalls schlecht. Falls du also mehr Geld ausgeben willst, weil du sie besonders schön findest, ist das in Ordnung und es schadet deinem Zauber nicht.

Zodiac-Kerzen

Zodiac-Kerzen werden auch mit dem deutschen Namen Sternzeichenkerzen geführt, dennoch ist Zodiac ein gängiger Begriff, auch in Deutschland. Diese Kerzen kannst du sehr gut für dich einsetzen oder für jemand anderen, wenn du dessen Sternzeichen kennst.

Hinweis:

Es gibt noch viele weitere Kerzenarten, jedoch sind die Aufgelisteten die, die wir am häufigsten und effektivsten für unsere Zauber verwenden.

KERZEN RICHTIG SALBEN

Bei unserer Arbeit mit Kerzen kann es sinnvoll sein, unsere Kerzen vor einem Ritual zu salben. Das bedeutet grob gesagt, dass du sie mit Ölen einreibst und gegebenenfalls auch mit Kräutern. Wirklich schwierig ist es nicht, wenn du einmal weißt, wie du es anstellst.

Zunächst ist es wichtig zu wissen, dass wir die Kerzen im unangezündeten Zustand salben, damit wir uns nicht verbrennen. Ich persönlich vollziehe die Salbung im magischen Zirkel. Wie du diesen ziehst, wirst du im Laufe des Buches noch erfahren.

Es ist wichtig, dass du das Öl und/oder die Kräuter zuvor passend zu deinem Zauber auswählst. Hierfür erhältst du in verschiedenen Kapiteln Informationen, sodass du weißt, welches Öl, welcher Duft und welche Kräuter welche Wirkung haben. Du beginnst immer mit einem Öl, selbst wenn du nur Kräuter verwenden willst. Hierzu verwendest du ein Basis-Öl, eines, dass du auch zum Kochen benutzen kannst, wie Sonnenblumen- oder Rapsöl. Auch Jojobaöl eignet sich hervorragend. Ob du nun zunächst ein Basis-Öl verwendest oder direkt ein ätherisches Öl nutzt, macht für die Salbung keinen Unterschied.

Du gibst das Öl auf deinen Zeige- und Mittelfinger und beginnst die Kerze zu ölen. Nun streichst du das Öl in eine Richtung–entweder von der Mitte aus nach oben und anschließend von der Mitte nach unten oder von oben zur Mitte und von unten zur Mitte. Der Unterschied ist folgender: Nutzt du einen Zauber, der abwehrend wirken soll, oder zumindest nicht auf dich bezogen, beginnst du in der Mitte. Willst du dir selbst mit dem Zauber helfen, auch im Sinne von Liebeszaubern, ölst du die Kerze zur Mitte hin. Achte darauf, dass du immer nur in eine Richtung salbst; du musst also mehrmals ansetzen, damit die Kerze vollständig gesalbt ist.

Nutzt du ein ätherisches Öl, hast du die Kerze nun vollständig gesalbt. Solltest du ein Basis-Öl nutzen, um die Kerze mit Kräutern zu benetzen, wälzt du sie jetzt in deinen auserwählten Kräutern.

Danach kannst du die gesalbte Kerze, wie eine ungesalbte Kerze, für deine Rituale einsetzen.

KERZENFLAMME RICHTIG DEUTEN

Nicht nur die verschiedenen Kerzen spielen eine Rolle bei unseren Zaubern. Anhand der Flammen, des Rauchs und sogar des Kerzenwachses kannst du schon einiges darüber ablesen, wie und ob dein Zauber funktioniert, bevor du ihn überhaupt beendet hast.

Auf die Flammenart hast du kaum Einfluss, du kannst einzig und allein dafür sorgen, dass sich kein Staub auf dem Wachs und dem Docht ansammelt.

FLAMMENARTEN

Erlöschende Flamme

Wenn die Flamme während deines Zaubers erlischt, solltest du das Ritual unbedingt wiederholen. Selten wird es nur Zufall sein. In den meisten Fällen gibt es einfach zu viel Widerstand.

Flackernde Flamme

Die flackernde Flamme macht deutlich, dass es jemand Spezifischen gibt, der dir für die Erreichung deines Ziels (und den Erfolg deines Zaubers) im Weg steht. Es können auch Umstände sein, die du zunächst überwinden musst. Im Gegensatz zur rußenden Flamme solltest du hier eventuell noch einmal überlegen, ob der Zeitpunkt deines Zaubers schon der richtige ist.

Gerade Flamme

Die gerade Flamme ist ein sehr gutes Zeichen. Es gibt bei deinem Zauber keine Probleme.

Knisternde Flamme

Die knisternde Flamme ist ein Zeichen dafür, dass jegliche Hindernisse überwunden werden.

Kurze Flamme

Die kurze Flamme stellt dar, dass es schwierig ist, die Energie freizugeben. Es mag etwas dauern, doch solange die Flamme noch da ist, funktioniert es.

Lange Flamme

Die lange Flamme deutet auf viel Energie und der positiven Umsetzung deines Zaubers hin. Dein Zauber vermag sehr stark zu sein.

Rußende Flamme

Eine rußende Flamme bedeutet, dass wir auf Widerstand treffen. Je nach Zauber heißt dies für dich, dass du selbst diesen Widerstand überstehen oder einfach hartnäckig sein musst und den Zauber trotzdem durchführst.

Tanzende Flamme

Die tanzende, flackernde Flamme gibt an, dass der Zauber voller Energie steckt. Du kannst ganz entspannt sein, denn der Zauber wird funktionieren, wenn du nicht in Stress gerätst.

Wachsende Flamme

Die wachsende Flamme gibt dir Auskunft darüber, dass es gut voran geht. Ergebnisse kannst du in kurzer Zeit erwarten.

DIE VERSCHIEDENEN RAUCHENTWICKLUNGEN

Ankommender Rauch

Kommt der Rauch der Kerze auf dich zu, ist das ein positives Zeichen. Führst du gerade ein Liebes- oder Geldzauber durch, ist es das Beste, was passieren kann. Möchtest du jedoch einen Zauber durchführen, der andere betrifft oder anderen sogar schadet, ist dies ein Zeichen dafür, dass es nicht funktioniert und du es besser lässt.

Fortwehender Rauch

Eigentlich ist Rauch, der sich von dir wegbewegt, ein Zeichen dafür, dass du bzw. deine Energien nicht bereit sind. Führst du allerdings gerade einen Zauber durch, der nicht dich, sondern andere betrifft, ist dies ein gutes Zeichen.

Schwarzer Rauch

Im Gegensatz zum weißen Rauch, der als eindeutig gesehen wird, ist schwarzer Rauch nicht gleich ein Zeichen dafür, dass dein Zauber nicht wirkt. Oftmals wird dir damit nur deutlich gemacht, dass es noch nicht an der Zeit ist oder dass du deine Absichten mit einem falschen Zauber ausführen willst.

Viel Rauch

Viel Rauch sagt nichts über den (Miss-)Erfolg deines Zaubers aus. Allerdings kann es dir einen Anstoß zum Nachdenken geben und dir bereits Antworten auf eventuelle Fragen liefern.

Weißer Rauch

Weißer Rauch ist immer ein positives Zeichen, dass dein Zauber funktionieren wird.

DAS KERZENWACHS

Keine Tropfen

Wenn es keine Wachstropfen gibt, ist es ein Zeichen dafür, dass du ganz klare Vorstellungen hast. Sehr wahrscheinlich wirst du Antworten erhalten, die du brauchst.

Pfütze

Wachspfützen entstehen, wenn die Kerze zu schnell abbrennt. Dies deutet darauf hin, dass du mit viel Leidenschaft an den Zauber gegangen bist. Du kannst anhand des getrockneten Wachses womöglich etwas lesen.

Ruß

Kerzenruß, dass sich vor allem an Kerzen im Glas absetzt, kann Aufschluss über Fragen geben. Sollte das gesamte Glas mit Ruß bedeckt sein, wirst du mit dem Zauber keinen Erfolg haben.

Schutt

Es kann sein, dass der Docht der Kerze Kerzenschutt ins Wachs lagert – das sind die schwarzen Ablagerungen, die du dort manchmal siehst. Dies kann bedeuten, dass der Zauber zwar funktioniert, du aber etwas Entscheidendes nicht bedacht hast.

Wachskrater

Ein Wachskrater entsteht dann, wenn die Kerze mittig zum Docht brennt und das Wachs im getrockneten Zustand wie ein Vulkan wirkt. Das kann ein Zeichen dafür sein, dass dein Zauber nicht wirken wird. Allerdings kann es auch an der gewählten Kerzenform liegen.

Bist du nicht sicher, was nun der Fall ist und willst nicht warten, bis du mehr weißt, kannst du den Zauber mit einer anderen Kerze wiederholen.

Wachstropfen

Sollte eine Kerze viele Wachstropfen, also mehr als üblich, verlieren, dann solltest du deinen Zauber noch einmal überdenken. Tropft die Kerze auf einer Seite mehr, ist dies zudem ein Zeichen, dass du innerlich aus dem Gleichgewicht geraten bist. Versuche zur Ruhe zu kommen, bevor du den Zauber beendest.

Überraschung

In seltenen Fällen wirst du unerwartet etwas hören (einen kleinen Knall) oder sehen (einen Lichtblitz). Dies sind kleine Überraschungen, die nur dann vorkommen, wenn die Energien dir klar und deutlich sagen wollen, dass dein Zauber abgelehnt wird. Beende den Zauber und überlege genau, wie du nun weiter vorgehen willst.

Farben

Du hast vielleicht bemerkt, dass ich zuvor die Farbmagie als eigene Magie aufgelistet habe. Dies ist weiterhin korrekt. Dennoch ist es wichtig, auf die einzelnen Farben auch bei der Kerzenmagie einzugehen. Letztendlich wirst du anfangs zwar die Kerzen nutzen, die die Rituale vorschreiben, doch sobald du dich etwas besser mit der Magie auskennst, wirst du sicherlich das ein oder andere Detail ändern wollen, um die Zauber für dich am effektivsten zu machen. Daher ist dieses Kapitel besonders wichtig.

Die verschiedenen Farben, die Kerzen haben können, spielen für viele Zauber eine große Rolle. Als ich mit Magie begann, gab es noch nicht solch eine Unterscheidung wie heute. Man hat sich also mit dem nächstbesten weitergeholfen, oder anders ausgedrückt, wir haben damals noch nicht zwischen den feinsten Nuancen unterschieden.

Ich begann mit folgenden Farben:

Rot, Orange, Gelb, Grün, Blau, Lila, Pink, Schwarz, Weiß, Braun, Silber und Gold.

Im Laufe der Jahre kamen schnell Hell- und Dunkelblau hinzu, dann unterschied man zwischen Pink und Rosa und grenzte auch Violett, Purpur und andere Nuancen von Lila ab.

Heute gibt es eine gewaltige Farbpalette, beinahe jede Kerzen-Nuance hat eine eigene Bedeutung. Ich werde dir hier sicherlich nicht jede Farbe auflisten können, zum einen, weil immer neue hinzukommen, was daraus resultiert, dass andere Leute, die Magie anwenden, weitere Nuancen erkunden und herausfinden, welcher noch so kleine Unterschied zu anderen Ergebnissen führt. Zum anderen halte ich mich meist an die gewünschten Farben der jeweiligen Zauber und ich teste selbst nicht mehr aus, ob andere besser passen, da ich mit folgender Aufstellung zufrieden bin.

Ebenso kannst du die Farbwahl der Kerze nicht nur anhand der Bedeutung wählen, sondern auch nach den jeweiligen Monaten.

Farbenliste Monate

- Januar – Orange, Rot
- Februar – Gelb, Rosa
- März – Blau, Grün
- April – Blau, Grau (Achtung, kein Silber)
- Mai – Grün, Rot
- Juni – Blau, Rot
- Juli – Grün, Rosa
- August – Orange, Rosa
- September – Grau (Achtung, kein Silber)
- Oktober – Gold, Grün, Rosa
- November – Gelb
- Dezember – Gold, Rot

Weiß

Weiß steht allgemein, wie auch bei Kerzen, vor allem für Reinheit. Somit auch mit allem, was dazu gehört, im weitesten Sinne. Es steht für Wahrheit, Einigkeit und Frieden, zudem für Schutz und Spiritualität.

Anwenden kann man die weiße Kerze in vielen Situationen. Sie kann in Ritualen als Verstärkung angezündet werden und Licht spenden, wie in Kirchen. Reinigung- und Schutzzauber werden häufig mit ihnen durchgeführt, so auch Rituale, die dir helfen, einen Neuanfang zu starten. Dies gilt nicht nur für eine schlechte Situation, sondern auch, wenn du Zweifel an dir selbst hast oder wenn du eine Sucht überwinden willst.

Schwarz

Bevor du denkst, dass die schwarzen Kerzen nur bei der schwarzen Magie zum Tragen kommen, möchte ich hier sofort gegenwirken. Trotz der dunklen Farbe brauchen wir sie auch in der weißen Magie. Hier gilt die Farbe als Symbol für Wandel. Dies beinhaltet Erneuerungen, Verbannungszauber, wie schlechte Erinnerungen, zudem dient sie auch zum Schutz, bei Abwehr- und Schutzzauber. Außerdem gilt diese Farbe als Sinnbild für Trauer und Blockaden in uns selbst, weshalb sich diese Farbwahl auch hervorragend dafür eignet, wenn wir in einer Übergangszeit sind, in der wir nicht wissen, wie wir weitermachen sollen.

Du siehst also, Schwarz ist nicht gleich schwarze Magie, wenngleich diese Farbe dort häufig genutzt wird.

Silber und Grau

Zwischen Silber und Grau wird in der Magie kein Unterschied gemacht. Zumindest derzeit. Es wird auch deshalb kein Unterschied gezogen, da sich diese Farbe, dieses Metallische, auf den Mond bezieht.

Und sein Schein kann einfach nicht perfekt dargestellt werden. Ich habe bisher auch noch keine Irritationen im Zauber festgestellt, es funktioniert immer gleich, ob mit einer grauen oder einer silbernen Kerze. Ich bevorzuge vom Optischen graue Kerzen.

Der einzige Unterschied, den wir kennen, der aber grundsätzlich in der Magie nichts verändert, ist, dass die Farbe Silber die Weiblichkeit darstellt. Grau hat Einfluss auf die Monate, was folgend erklärt wird.

Graue und silberne Kerzen stehen in der Magie für den Mond und alles, was damit weiträumig zu tun hat. Dies bedeutet Intuition und Inspiration, Träume und Traumdeutung, für Spiritualität, Magie und sogar für Weiblichkeit (Achtung: wie bereits gesagt, gilt dies nur für die silberne Kerze).

Diese Kerzen nutzen wir für Zauber, die uns dabei helfen, uns weiterzuentwickeln, vor allem im Positiven. Negatives neutralisieren Silber und Grau, weshalb wir auch diese Farben gerne bei Schutzzaubern nutzen.

Gold

Im Gegensatz zu Silber und Grau wird bei Gold und Gelb sehr wohl zwischen den Farben unterschieden.
Gold steht nicht nur für Finanzen oder Erfolg, sondern auch für Großzügigkeit und sogar für Gesundheit. Heraufbeschworen werden können damit Glück sowie Selbstvertrauen und eine positive Ausstrahlung.

Zudem ist diese Farbe das Sinnbild der Sonne, wenngleich wir hier eher in einen gelben Ton übergehen, nämlich in der Art von Bienenwachs.

Wir benötigen diese Kerzenfarben also bei oben genannten Anliegen, bei Sonnenzauber und bei Aura-Reinigungen.

Gelb

Gelb und Gold haben zwei Gemeinsamkeiten. Zum einen ist auch Gelb die Farbe und das Symbol der Sonne, wie bereits im Unterkapitel „Gold“ erklärt, ist hier die Bienenwachsfarbe (und somit auch die Art von Kerze) gemeint. Außerdem kann auch Gelb für Finanzen stehen.

Allerdings werden gelbe Kerzen vor allem dann genutzt, wenn wir Erfolg und Glück brauchen. Wenn wir Freundschaften erneuern wollen und inneren Frieden brauchen. Auch um etwas mehr Kreativität in unser Leben zu bringen und wenn wir eine allgemeine fröhliche Stimmung benötigen. Zudem bietet uns die Farbe einen Push an Konzentration.

Rot

Rot ist neben Schwarz eine der mächtigsten Farben. Sie steht für Energie und Kraft, natürlich auch für Liebe, Leidenschaft und Sex, zudem manifestiert man damit die eigene Willenskraft. Es bringt das Blut in Wallung und ist somit ein Energielieferant und fördert unsere Gesundheit.

Es ist die Farbe für Mars, sowohl des Planeten als auch des Kriegsgottes. Zudem finden sich Widder und Skorpion des Tierkreiszeichens darin wieder.

Aufgrund der Verbindung zwischen Liebe und Krieg (Kriegsgott) empfinden einige, dass eine rote Kerze für Liebeszauber unpassend ist.

Sofern du dazugehörst, gibt es folgend noch weitere Möglichkeiten, Kerzen in solchen Ritualen zu nutzen.

Auch gegen depressive Stimmungen kann Rot helfen.

Orange

Die Orange Farbe hat zwei gegensätzliche Bedeutungen, die jedoch, bei näherer Betrachtung, gar nicht so unterschiedlich beziehungsweise zusammenhangslos sind. Die Farbe steht auf der einen Seite für Trauer, auf der anderen Seite jedoch für Ermutigung. Das liegt daran, dass wir in der weißen Magie alles Negative bekämpfen. Somit steht die Farbe zwar für die Trauer, doch wir nutzen sie dafür, um uns positiv zu beeinflussen. Sie bringt uns Motivation und kann unsere Ausdauer (die psychische, nicht physische) erhöhen. Zudem bringt uns Orange Selbstvertrauen, Motivation und kann unserer Kreativität einen gewissen Schwung bringen. Mit Gelb als Ausgangsfarbe kein Wunder.

Auch den Zusammenhang zu Rot sehen wir hier, da Orange auch Energie und Vitalität bringt. Darüber hinaus ist sie die Farbe der Venus und steht für Fruchtbarkeit.

Braun

Viele halten Braun für eine unscheinbare und unwichtige Farbe. Doch bei der Magie spielt sie eine bedeutende Rolle. Sofort fällt einem dabei die Erde ein, das Element, wie der Boden, Bäume und auch Wohlbefinden wie Ruhe. Außerdem steht die Farbe für Magie, die sich auf die Tierwelt bezieht.

Besonders gerne wird die Farbe bei Astralmagie genutzt, aber auch um sich besser zu konzentrieren und sich selbst zu erden. Sie verbreitet Ruhe und hilft uns, wieder zu unserer Mitte zu finden. Braun steht für Neutralität.

Blau

Für die Farbe Blau gibt es in der Kerzenmagie mittlerweile viele Unterschiede. Wir unterscheiden nicht nur in den Nuancen, sondern auch in ihrer Bedeutung.

(Kobalt) Blau

Bei Blau denken wir oft an einen strahlend blauen Himmel oder an das blaue tiefe Meer. Es liefert uns Entspannung, Ruhe und Harmonie, wie es in der Kerzenmagie auch genutzt wird. Einhergehend damit auch für inneren Frieden und Freundschaft wie auch Hingabe und Inspiration. Zudem gibt uns Blau innere Kraft und Standfestigkeit.

Auch bei Gesundheitszaubern ist es sowohl bei psychischen als auch bei physischen Problemen einsetzbar.

Wie sich jedoch auch das Meer in ein tosendes Gewässer umschwenkt, der Himmel sich plötzlich zuzieht und ein Sturm aufkommt, so kann auch Blau nicht nur für die genannten positiven Eigenschaften stehen, sondern auch für Rache und Chaos, im Sinne von chaotischen Emotionen und gereizten Nerven.

Hellblau

Hellblau repräsentiert den Wassermann im Tierkreiszeichen. Im Gegensatz zu den bekannten als typisch geltende Eigenschaften vom Wassermann, nämlich Rastlosigkeit, Unverbindlichkeit und Kälte, steht Hellblau in der Kerzenmagie für Geduld und Verständnis. Es ist ein Friedens- und Ruhebringer.

Königsblau

Das Königsblau ist in der Kerzenmagie wie auch im Allgemeinen die Farbe für Loyalität. Wir stärken damit Beziehungen und fördern unsere Heiterkeit. Außerdem ist Königsblau die Farbe des Jupiters.

Dunkelblau und Indigo

Dunkelblau und Indigo sind Sinnbild für tiefe Entspannung und helfen uns, Schlafstörungen zu überwinden. Gleichzeitig stehen sie für Verletzlichkeit.

Somit werden diese Farben gerne eingesetzt, wenn wir uns mit Zauber befassen, die Situationen beenden, sei es Beziehungen oder einen Job. Des Weiteren ist es die Farbe des Saturns.

Grün

Wie blau ist auch Grün eine Farbe, die wir in der Kerzenmagie in viele verschiedene Nuancen unterteilen. Generell gilt Grün als Farbe der Hoffnung und wird bei Kerzenzaubern grundsätzlich für alles eingesetzt, wofür wir eben jene brauchen. Dies gilt sowohl für Glück wie auch gegen Unglück.

Smaragdgrün

Das Smaragdgrün symbolisiert Liebe und Freude. Allerdings auch Wachstum. In dem Sinne sollten Frühling und weitestgehend auch Wiedergeburt kommen. Für derartige Rituale sind Kerzen solcher Farben hervorragend. Außerdem nutzen wir sie, wann immer wir weibliche Rituale im Sinne von Venus, abhalten.

Dunkelgrün

Dunkelgrün, vor allem wie in der Dollarnote, oder auch Gelbgrün genannt, steht für genau das. Geld, Gewinn, Ehrgeiz und Beruf. Allerdings auch für die negativ behafteten Eigenschaften: Gier und Eifersucht. Wer also aus Gier einen Geldzauber durchführt, muss damit rechnen, dass er negativ wirkt. Hierbei handelt es sich nicht um schwarze Magie, sondern um eine Lehre.

Lila

Auch Lila-Farben werden in der Kerzenmagie unterschieden.

Die Farbe Lila steht in der Kerzenmagie für Macht und Ehrgeiz, also im Sinne von „ich habe die Macht, etwas zu schaffen“, nicht im Sinne von Regieren. Dennoch wird diese Farbe geschichtlich auch mit dem Adel in Verbindung gebracht.

Violette

Auch Violette steht für Macht und Kraft, doch auch für Erfolg. Wir nutzen diese Farbe in Ritualen, die uns helfen ehrgeizig zu werden, sie ist jedoch auch für Finanzen von Hilfe.

Purpur

Purpur kann ebenfalls für materiellen Wohlstand eingesetzt werden. Allerdings ist es vor allem wichtig, wenn wir unsere spirituelle Kraft und psychische Fähigkeiten verbessern wollen.

Magenta

Magenta ist eine schwierige Farbe, da sie sowohl bei Lila als auch Pink angesiedelt werden kann. So schwierig ihre Zuordnung auch sein mag, so kraftvoll ist diese Farbe bei Ritualen, die sofortiges Handeln voraussetzen.

Zudem bringt es Selbstvertrauen und Kreativität zu dir und gilt als etwas verspielter als rosa.

Pink

Pink ist die letzte Kategorie der Farbnuancen, die wir in der Kerzenmagie benötigen. Auch hier unterscheiden wir zwischen verschiedenen Nuancen.

Ganz generell kann man aber sagen, dass Pink, ähnlich wie Rot, für die Liebe steht. Hier allerdings weniger im sexuellen Sinn, sondern im Sinne der Geborgenheit und des Vertrauens. Dennoch steht diese Farbe auch für Leidenschaft und Sinnlichkeit und kann somit als Ersatz für rote Kerzen in der Kerzenmagie eingesetzt werden.

Rosa

Rosafarbene Kerzen werden oftmals für Liebeszauber eingesetzt, die zu weniger Lust und Leidenschaft führen als zu Romantik, Liebe und Treue. Sie repräsentieren auch Freundschaft. Doch auch Selbstliebe und Sanftheit können damit unterstützt werden.

Der Mondzyklus

Der Mondzyklus ist etwas ganz Wichtiges bei unserer Magie. Denn von seinem Stand hängt viel ab. Am besten schaust du je nach Zauber auf die jeweilige Mondphase, um deinem Zauber die beste Wirkung zukommen zu lassen.

Folgend führe ich dir die vier Mondphasen auf und welche Art von Zauber du am besten wann anwenden solltest.

Zunehmender Mond

Das erste Quartal des Mondzyklus‘ ist der zunehmende Mond. Vielleicht kannst du es dir schon denken, aber in diesen Tagen ist es sinnvoll Zauber anzuwenden, die dir etwas bringen sollen. Es ist die Zeit für Liebeszauber, für Glück und Wohlstand. Möchtest du etwa einen neuen Job und suchst hierfür noch ein wenig Zutrauen? Oder benötigst du den letzten Push, um eine Gehaltsverhandlung anzugehen? Dann sorge in den nächsten Tagen dafür.

Vollmond

Das zweite Quartal im Mondzyklus ist der Vollmond. Es ist kein Geheimnis, dass der Mond, vor allem wenn er komplett beleuchtet ist, etwas Magisches an sich hat. In diesen Nächten (ja, auch eine Nacht vor und eine Nacht nach dem Vollmond) kannst du dich um Neuanfänge bemühen. Natürlich ist die beste Zeit dafür immer noch die Vollmondnacht.

Abnehmender Mond

Im Gegensatz zum ersten Quartal nutzen wir im dritten Quartal der Mondphase am besten Zauber, bei denen wir Dinge von uns lenken wollen. Sei es unser Gewicht, Krankheiten, schlechte Gewohnheiten oder sogar etwas Böses, was mit Hilfe eines Schutzzaubers zu dieser Zeit besser funktioniert.

Neumond

Die letzte Phase des Mondes ist der Neumond. In dieser Nacht gibt es keinen Mond am Himmel zu sehen. Zauber, wie beim abnehmenden Mond sind immer noch machbar. Zudem ist es die Nacht der Regeneration. Tanke deine Kräfte wieder auf, erhole dich, um dich in der neukommenden Mondphase wieder stark zu fühlen.

Der Tageszyklus

Neben dem Mondzyklus gibt es noch weitere Zyklen, die für uns wichtig sind. Der Tageszyklus spielt ebenfalls eine wichtige Rolle. Der Tag selbst wird, wie der Mond, in vier Abschnitte eingeteilt. Welche dies sind und was sie für eine Bedeutung in der Magie haben, erfährst du jetzt.

Bevor du nun aber denkst, dass du nur zu einer gewissen Zeit manche Zauber nutzen kannst, liegst du falsch. Es mag zu gewissen Zeiten einfacher sein, wenn du aber eine geübte Hexe bist und gelernt hast, wie du dich konzentrierst und deine Energie leiten kannst, kannst du jeden Zauber zu jeder Zeit ohne Einbußen ausüben.

Morgen

So wie der Morgen den Tag beginnt, als erster und neu, ist er auch in der Magie zu nehmen. Hier haben wir am meisten Energie, wir können uns neu erfinden oder von schlechten Gewohnheiten befreien. Es ist sinnvoll, solche Zauber in den Morgen zu verlegen und diese sogar täglich zu wiederholen. Zum Beispiel, wenn du eine Diät beginnen möchtest oder unbedingt mit dem Rauchen aufhören willst. Letzteres ist auch eine Energiebekämpfung, und zwar negative Energie. Weitere Beispiele für Zauber, die dort gut wirken, sind diejenigen, mit denen du negatives aus der Welt schaffst, wie einen Streit.

Suchst du eine neue, positive Einstellung gegenüber deinen schulischen oder beruflichen Leistungen, ist auch dafür jetzt der beste Zeitpunkt.

Mittag

Wenngleich wir selbst zu Mittag bereits wieder müde sein mögen oder unser Energielevel zumindest wieder sinkt, so ist die Sonne zu dieser Zeit an ihrem Höchstpunkt. Und genau das machen wir uns zu nutze. Um diese Zeit ist es sinnvoll, Entscheidungen zu treffen, deine Energie in Stärke umzuwandeln und dein inneres Gleichgewicht zu finden. Auch wenn der Morgen grundsätzlich die Zeit für Neuanfänge ist, kann der Mittag dennoch ein guter Zeitpunkt dafür sein, ein Vorgehen noch einmal erneut anzugehen.

Hier ist es wichtig, dass du verstehst, dass es sich nicht um einen Neuanfang, sondern sozusagen um eine Wiederholung vom Anfang handelt.

Nachmittag

Am Nachmittag ist unser Energielevel am niedrigsten, auch der Tag neigt sich zum Ende und oft ist es sogar schon dunkel. Hier solltest du nur sanfte Zauber anwenden, die dir Ruhe und Entspannung liefern. Oder Zauber, die deine Willenskraft unterstützen, da du zu jener Tageszeit Hilfe brauchst. Was du vor allem aber zu jener nie tun solltest, ist Vorsätze zu machen, da wir dazu tendieren, Dinge, die wir am Nachmittag beschließen, nicht einzuhalten.

Nacht

Obwohl auch in der Nacht unser Energielevel nicht sonderlich hoch ist, machen wir uns hier die Energie des Mondes zu Nutze. Wir haben nachts die Gabe, uns besser zu konzentrieren und intuitiv zu handeln. Somit können wir den Tag noch einmal durchleben und Dinge, die wir zuvor nicht begriffen haben, eventuell anders sehen und nun verstehen. Zaubern kannst du zu dieser Zeit immer, egal, um welche Zauber es sich dabei handelt. Doch hauptsächlich dient die Nacht dazu, dich zu sammeln, zu begreifen und dich als Person weiterzubringen.

Die Jahreszeiten

Ganz grob ausgedrückt, spiegeln die jeweiligen Jahreszeiten auch die bereits genannten Tageszeiten wider.

Frühling

Der Frühling ist der Start des Jahres, wie auch der Morgen für den Tag. Zu dieser Zeit steigt das Energielevel an, neue Dinge entstehen und wir haben oftmals gute Vorsätze. Es ist sinnvoll, Energie- und Zauber für gute Vorsätze sowie Neubeginn im Frühling anzugehen. Zum Beispiel, wenn du eine Diät beginnen möchtest oder unbedingt mit dem Rauchen aufhören willst.

Außerdem ist nun die beste Zeit, um deine eigenen Kräuter anzupflanzen. Solltest du dich für deinen eigenen Hexengarten interessieren, dann wird dir mein zweites Buch ***„Das Magiebuch der Heilpflanzen - Erlerne die Hexenkunst der grünen Magie“*** sicher gefallen. Dort erfährst du alles über grüne Magie und die Kraft der Heilpflanzen.

Sommer

Der Sommer ist voller Energie. Hier ist die Magie stark und dauerhaft bei dir. Du kannst nun am besten dafür sorgen, dass du beständig bleibst, dass du Dinge in die Tat umsetzt und eventuelle Veränderungen festigst. Außerdem ist es hilfreich, wenn du dir ein wenig von der Energie für den Herbst aufbewahrst. Power dich also nicht zu sehr aus.

Herbst

Im Herbst sinkt das Energielevel. Dies ist für uns aber nicht schlimm, da wir vorgesorgt haben, weil wir die Energie im Sommer nicht komplett verbraucht haben. Zudem nehmen wir uns auch ein Beispiel in der Natur. Jetzt ist die Zeit, zu horten und für den Winter vorzusorgen. Dies können wir zu unserem Vorteil nutzen.

Wenn wir Zauber anwenden wollen, die mit Besitz, Geld und Leistungen zu tun haben, dann sollten wir diese im Herbst vornehmen. Zudem ist es die perfekte Zeit, sich um Freunde und Familie zu kümmern. Außerdem solltest du nun angefangene Projekte zu Ende bringen.

Winter

Ähnlich wie die Nacht im Tageszyklus ist der Winter bei den Jahreszeiten. Das Energielevel ist niedrig, weshalb du dich vor allem um dich kümmern solltest.

Überdenke das letzte Jahr, schaue auf deine Stärken und Schwächen, relaxe und geh in dich, um im Frühling aus deinen alten Fehlern zu lernen und deine Stärken im nächsten Jahreszyklus zu festigen.

Die Wochentage

Die Wochentage haben allesamt einen (Planeten-) Paten. Die Planeten werden folgend allerdings auch noch einmal aufgeführt, um den Unterschied zwischen den Wochentagen und den Zodiac-Zeichen besser zu verdeutlichen. In Kombination mit eben jenem haben Planeten nämlich eine andere Bedeutung.

Sonntag

Der Pate des Sonntags ist die Sonne. Die Sonne wird als männlich anerkannt, weshalb du hier am besten Zauber anwendest, die entweder Männer oder Personen, die autoritär sind, miteinschließen. Oftmals gilt es Probleme zu lösen, ein Liebeszauber ist hiermit tatsächlich nicht gemeint.

Zudem kannst du am Sonntag am besten Zauber anwenden, die für Gesundheit, Kraft, Energie und Geld sorgen.

Montag

Der Pate des Montags ist der Mond. Dieser ist weiblich, oder besser gesagt, seine Kraft wird als weiblich bezeichnet. Fruchtbarkeitszauber, Wachstum und Mutter(-gefühle) sind hier vorrangig, wobei du alles auch im weitesten Sinne ansehen solltest. Es geht nicht nur um die Fruchtbarkeit, um schwanger zu werden, sondern auch um den Start neuer Projekte. Zudem ist Montag der beste Tag, um sich auf dich selbst zu konzentrieren.

Dienstag

Mars ist der Pate des Dienstags. Wie auch der Gott Mars, der Kriegsgott, wird die Energie des Planeten mit Mut und Erfolg beschrieben. Das heißt nicht, dass du kämpfen sollst, aber es ist von Vorteil, wenn du dich auf eventuelle Konkurrenten konzentrierst, um dir selbst mehr Selbstbewusstsein zu geben und in der Lage zu sein, Kontrahenten auszustechen.

Mittwoch

Der Mittwoch geht mit dem Merkur einher. Dieser Tag ist perfekt dafür geeignet, mit schlechten Gewohnheiten aufzuhören. Zudem hilft dir Merkur dabei, Dinge, die du zuvor nicht in Worte fassen konntest, zu formulieren. Des Weiteren kannst du dich hier auch mit dem Wahrsagen beschäftigen.

Donnerstag

Am Donnerstag herrscht der Jupiter vor, der wie der Mars, eine männliche Energie hat. Auch Jupiter unterstützt dich bei deinem Weg zum Erfolg, auch Gesundheit und Geschäfte kannst du mit ihm vorantreiben. Solltest du vor einer Prüfung stehen, bietet sich der Donnerstag dazu an, sich hier magische Hilfe und Selbstvertrauen zu erbitten.

Freitag

Zum Freitag gehört die Venus. Mögen einige Planeten bzw. Götter unbekannt sein, so weiß beinahe jeder, dass Venus zur weiblichen Energie gehört, zudem gibt es die Göttin Venus. Dieser Tag ist der beste Zeitpunkt für Liebe und Romantik. Du kannst zu dieser Zeit die wirkungsvollsten Liebeszauber tätigen, doch gleichzeitig steht der Tag auch für Geborgenheit, Schutz, Treue und Vertrauen.

Samstag

Der Pate des Samstags ist der Saturn. Dieser ist weiblich und zudem ist es der Tag der Intuition. Diese wirst du trainieren müssen, da sie für Hexen und Zauberer sehr wichtig ist. Doch mit ein wenig Übung, vor allem an Samstagen, wirst du sehr bald intuitiv handeln können. Außerdem bietet der Samstag dir Zeit, um dich mit Krankheiten und dem Tod auseinanderzusetzen.

Zodiac und die Planeten

Die Planeten hast du allesamt bereits mit den Wochentagen kennengelernt. In Kombination mit diesen kann die Bedeutung jedoch anders ausfallen als in Kombination mit den Zodiac. Hier werden die Planeten also noch einmal angeführt, um den Unterschied zwischen den Wochentagen und den Zodiac-Zeichen besser zu verdeutlichen.

Es ist ein wenig schwierig, eine korrekte Abgrenzung zwischen den Planeten und den Zodiac, also den Sternzeichen und den Sternbildern, zu finden. Daher fasse ich die Bedeutungen hier in einem Unterkapitel zusammen. Denn jeder Planet steht unweigerlich auch für ein Zodiac-Zeichen.

HINWEIS:
WELCHE BEDEUTUNG UNTENSTEHENDE PFLANZEN HABEN, LIEST DU IM KAPITEL „ÖLE UND DÜFTE" SOWIE „PFLANZEN".

Sonne

Zur Erinnerung: Wir haben bereits erfahren, dass die Sonne der Pate des Wochentags Sonntag ist. Allerdings hat die Sonne auch eine Bedeutung im Tierkreiszeichen. Sie ist verbunden mit dem Sternzeichen Löwe. Um sich die Energie der Sonne zu Nutze zu machen, benötigen wir Weihrauch. Außerdem ist die Sonnenblume, die Ringelblume, der Rosmarin und der Safran ebenfalls mit der Sonne und somit dem Löwen verbunden.

Die Sonne beziehungsweise der Löwe ist der Lichtbringer und lässt uns strahlen. Ihre Stärken sind Lebenskraft, Selbstständigkeit und Entschlossenheit. Doch Achtung, vor allem der Löwe, also auch unsere Magie im Zeichen des Löwen, wird dann kontraproduktiv oder ungehört, wenn wir mit zu viel Eitelkeit an die Sache gehen.

Mond

Wir wissen bereits, dass der Mond für den Montag eine bedeutende Rolle spielt. Zudem steht er in Verbindung mit dem Sternzeichen Krebs. Die folgenden Pflanzen, die ich dir aufliste, sind wegen ihres schweren Dufts hervorragend für lunare Zauber geeignet. Sie gehen tief in unsere Psyche.

Diese sind die Narzisse, der Mohn, der Kampfer, die Madonnen-Lilie, der Jasmin und selbstverständlich auch Patschuli.

Der Mond ist für uns etwas Fantastisches, etwas, dem die meisten Menschen sich hingezogen fühlen. Er symbolisiert Gefühle, Empathie und unsere komplette Wahrnehmung. Aufpassen müssen wir nur, dass der Mond, vor allem im Zeichen des Krebses, uns nicht in unsere eigene Melancholie saugt.

Merkur

Der Merkur ist der Pate des Wochentags Mittwoch. Er steht gleichzeitig für die Sternzeichen Jungfrau und Zwillinge. Die Pflanzen, die als Symbol für Merkur eingesetzt werden können, wirken allesamt stimulierend. Diese sind Verbene, Sandelholz, (Pfeffer) Minze, Majoran, Zimt und die Gewürznelke.

Der Planet Merkur steht für unsere Kommunikation, unseren Verstand und für Logik. Gerade im Zwilling stehend, können wir hier einwandfrei sprechen und Gedanken folgerichtig erkennen.

Venus

Der Planet Venus steht neben dem Freitag auch für die Sternzeichen Stier und Waage. Alle Pflanzen, die mit der Venus verbunden sind, stehen natürlich für die Liebe, manchmal sogar für Sexuelles. Dazu zählen Eisenkraut, das Veilchen, Moschus, Bergamotte und die Rose.

Sicherlich würdest du bei der Venus sofort an die Symbole Liebe, Leidenschaft oder Romantik denken. Tatsächlich steht der Planet jedoch vor allem für Genuss und Werte, für Geselligkeit und Annehmlichkeiten, die im weitesten Sinne natürlich auch mit der Liebe einhergehen.

Steht die Venus im Zeichen des Stiers, so ist es ratsam, sein eigenes Vorankommen anzugehen, sich zu entwickeln, aber auch, sich um materielles Bestreben zu kümmern. Allerdings solltest du Letzteres in Maßen tun, um nicht in das Negative der Kombination Stier und Venus zu fallen, nämlich der Gier und der (Genuss)Sucht.

In Kombination mit der Waage ist die Venus das, was man erwartet. Sie steht für Partnerschaft und Kontaktfreude. Für unsere Magie bedeutet es auch, dass wir emotional wachsen können.

Mars

Mars ist nicht nur für den Dienstag wichtig, sondern auch für die Zodiac-Zeichen Widder und Skorpion. Die Pflanzen, die mit dem Mars und somit auch mit den Sternzeichen verbunden sind, sind die Kiefer, der Weißdorn, der Ingwer und der Knoblauch.

Der Mars steht für Energie, Leistung und Kampfkraft, was sich im Gott Mars widerspiegelt. In diesen Zeiten, nämlich im Sternzeichen Widder und Skorpion, können wir uns, unsere Wünsche und die Magie, am besten ein- und durchsetzen. Aufpassen müssen wir nur, dass wir nicht selbstsüchtig handeln.

Jupiter

Der Planet Jupiter ist energetisch mit dem Donnerstag verbunden. Allerdings auch mit den Sternzeichen Schütze und Fische. Mit der Magnolie, dem spanischen Flieder, Borretsch und dem Salbei kannst du dir seine Energie zu Nutze machen.

Der Planet Jupiter steht für Wachstum und alles, was damit zu tun hat, vor allem im positiven Sinne, also auch Optimismus und deine Stärken. Selbstvertrauen kannst du vor allem dann aufbauen, wenn er sich in den genannten Sternzeichen befindet. Achte nur darauf, dass du dich vor allem im Zeichen des Schützen nicht selbst überschätzt.

Saturn

Neben dem Samstag steht der Saturn für den Steinbock und den Wassermann. Die Pflanzen, die wir in Bezug auf den Ringplaneten nutzen, sind Eibe, Myrrhe und Bilsenkraut.

Die Stärken des Saturns sind Disziplin, Ordnung und Klarheit. Gleichzeitig ist er etwas distanziert, was sich vor allem im Sternzeichen Steinbock widerspiegelt. Er steht für Norm, Autorität, Konsequenz und Geduld.

Öle und Düfte

Öle und Düfte, die zumeist dasselbe sind, in Form von ätherischen Ölen, sind für uns Hexen gerade in der Kerzenmagie ebenfalls von großer Bedeutung. Nicht nur haben sie ohne Kerzen bereits eine gewisse Kraft. Sie können dir dabei helfen, dich besser zu fühlen, körperlich wie auch auf mentaler Ebene. Salben wir die Kerzen noch mit dem richtigen Öl ein, wird unser Zauber zudem noch einmal verstärkt.

Grundsätzlich haben die genannten Öle und Düfte viele wundervolle Eigenschaften, allerdings befassen wir uns hier aus Platzgründen nur mit den Eigenschaften, die für uns in der Magie wichtig sind.

Bergamotte

Die Bergamotte und dessen Öl dienen uns als Stimmungsaufheller und sorgen dafür, unsere innere Ruhe zu finden. Zudem eignet sich dieses Öl hervorragend als Basis, um es mit anderen Ölen und Düften zu mischen. Vor allem bei Zauber gegen Angst ist Bergamotte einzusetzen, aber auch, um etwaige störende oder negative Energien aus dem Raum zu verbannen.

Jasmin

Jasmin kannst du als Öl oder Duft sowie in Form von der Pflanze, am besten im getrockneten Zustand, einsetzen.

Die hilfreiche Wirkung von Jasmin war bereits im Mittelalter bekannt. Damals wurde es unter anderem zur Krampflösung, zum Beispiel bei Menstruationsbeschwerden, eingesetzt. Wir können uns das zu Nutze machen, da es in der Magie ebenfalls etwas löst, und zwar Trauer. Es wird am besten bei Zauber eingesetzt, bei denen du vergessen und bewältigen willst.

Kampfer

Zunächst sei gesagt, dass Kampfer selbst keine Pflanze ist, weshalb du ihn auch nur bei den Ölen und Düften finden kannst. Er wird zwar aus solchen hergestellt, in der Natur wirst du ihn so aber nicht finden.

Kampfer kannst du in deiner Magie unterschiedlich und zu vielen Zwecken anwenden. Gesalbte oder Duftkerzen lassen sich gut nutzen, wie auch das ätherische Öl. Du kannst hier gut bei Weissagungen Unterstützung anfordern, etwaige ungewollte Leidenschaften in deine Richtung unterbinden und sozusagen als Schutz nutzen. Er wirkt auch reinigend, wie die Bergamotte, und kann negative Energien auch mit ihrer puren Anwesenheit fernhalten.

Kampfer ist stark und hat eine Menge Energie. Je nachdem welchen Zauber du also ausüben willst, nutze den Duft nur in kleinen Mengen, bis du seine wahre Stärke kennst.

Kiefer

Da die Kiefer ein Baum ist, nutzen wir hier allen voran den Duft der Kiefer. Dies kann in Form von Ölen sein, als Räucherwerk oder auch als Tannenzapfen und Nadeln, von denen wir immerhin ein wunderschönes Aroma erhalten.

Lavendel

Lavendel gehört zu den stärksten Hexenkräutern, ähnlich wie die Rose. In der Magie wird sie mit der Liebe und Geld assoziiert. Allerdings könnten wir mit Lavendel auch hervorragend Verständnis herbeirufen.

Moschus

Zunächst sei gesagt, dass Moschusduft nicht von Pflanzen gewonnen wird, sondern aus dem Moschustier – hierfür werden sie seit einigen Jahrzehnten allerdings nicht mehr getötet. Zum Glück. Außerdem wird er auch teilweise künstlich hergestellt.

Der Moschusduft ist ein schwerer wenngleich süßlicher Duft, den bei Weitem nicht jeder mag. Grundsätzlich verbinden wir ihn jedoch mit Wärme und Geborgenheit, weshalb Freundschaftszauber gut damit unterstützt werden. Zudem erkennen wir Menschen das animalische darin, weswegen wir Moschus auch bei Liebeszaubern einsetzen können.

Myrrhe

Myrrhe ist seit Jahrtausenden ein wichtiger Bestandteil für uns Hexen und Magier. Es dient als Helfer bei Glaubenszauber.

Hierbei geht es nicht um religiöse Aspekte, sondern darum, die Wahrheit zu erkennen. Somit hilft Myrrhe auch dabei, klare Sicht zu bringen, wenn es dir schwerfällt, Traum und Realität auseinanderzuhalten.

Patschuli

Dem schweren süß-würzigen Duft wird nachgesagt, dass es aphrodisierend wirkt. Obwohl dies eine weit verbreitete Ansicht ist – wobei bei Weitem nicht jeder den Duft mag – nutzen wir Patschuli (oder Patchouli) nicht für etwaige Liebeszauber, sondern um unserer Kreativität in Schwung zu bringen.

Rosmarin

Rosmarin ist ein sehr starkes und vielfältiges Hexenkraut. Wir können es bei Liebes- und Freundschaftszauber verwenden, denn es steht für Treue. Zudem wirkt es schützend vor negativen Energien. Auch um Weitsicht zu erlangen können wir es nutzen.

Salbei

Der Salbei hilft uns dabei, uns zu konzentrieren. Zudem verleiht er uns Geduld und sorgt dafür, dass wir etwas gelassener an Dinge herangehen. Außerdem können wir ihn auch bei Reinigungszauber benutzen.

Sandelholz

Sandelholz ist sehr gut geeignet, um dich zu beruhigen und dir ein wenig Gelassenheit zu geben. Es wird zur spirituellen Reinigung verwendet und schenkt dir Geduld im Sinne von Harmonie.

Wacholder

Wir nutzen die Wacholder vor allem dabei, um negative Energien und Angriffe von uns zu weisen.

Weihrauch

Weihrauch kannst du als Öl oder Duft sowie in Form von der Pflanze, am besten im getrockneten Zustand, einsetzen.

Weihrauch ist sicherlich aus der Kirche bekannt. Tatsächlich hat es etwas Magisches an sich, etwas, das man einfach gerne bei Ritualen verwendet. Du kannst Weihrauch nutzen, wie du willst, als Öl, als Pflanze oder getrocknet. Es hilft vor allem bei Reinigungszaubern und schützt vor negativen Energien.

Ylang-Ylang

Ylang-Ylang kann Ruhe und Entspannung hervorrufen. Musst du dich also selbst initiieren oder möchtest du Harmonie herbeirufen, ist dies eine geeignete Wahl.

Zedernholz

Zedernholz gibt uns das nötige Selbstvertrauen und Selbstbewusstsein, vor allem sensible Menschen sollten es nutzen, um ein wenig gleichgültiger an Dinge heranzugehen und sich vor allem nicht immer Sorgen zu machen.

Zitrus

Mit Zitrus sind alle Düfte gemeint, die von Zitrusfrüchten stammen, wie Orange, Zitronen, Limetten, aber auch Grapefruit und andere Zitrusdüfte.

Sie wirken auf uns belebend und sind gut geeignet für Zauber, bei denen wir um unsere Freiheit kämpfen.

Pflanzen

In der Magie sind auch Pflanzen wichtig, selbst bei der Kerzenmagie, auch wenn man den Zusammenhang oftmals nicht offensichtlich sieht. Es gibt viele Pflanzen, Blumen und vor allem Kräuter, die von großer Bedeutung sind. Die meiner Meinung nach wichtigsten führe ich dir hier auf.

Während eines Rituals verbrennst du die getrockneten Pflanzen in einer Räucherschale. Achte darauf, dass sie wirklich getrocknet sind, damit sie zum einen gut brennen und zum anderen ihre Magie vollkommen entfalten können.

Wir müssen nicht unbedingt jede Pflanze in einem Ritual verwenden, um ihre Wirkung zu gewährleisten. Manchmal reicht sogar der Verzehr. Allerdings führe ich hier nur die Wirkungen auf, die für uns bei einem Zauber wichtig sind. Kräuter und Pflanzen haben noch ganz andere Wirkungskreise.

Das Schöne an der heutigen Zeit ist es, dass du beinahe alle Kräuter und Pflanzen im Supermarkt bekommen kannst. Immerhin gibt es genug Leute, die keinen grünen Daumen haben. Nach Belieben darfst du natürlich deine Kräuter gerne selbst ziehen.

Auch hier gilt, grundsätzlich haben die genannten Pflanzen viele wundervolle Eigenschaften, allerdings befassen wir uns hier aus Platzgründen nur mit den Eigenschaften, die für uns in der Magie wichtig sind.

Baldrian

Baldrian ist bereits seit Jahrhunderten dafür bekannt, dass es eine beruhigende Wirkung auf uns Menschen hat. Gleiches gilt für die meisten Tiere, nicht jedoch für alle – vor allem Katzen bilden hier die Ausnahme. Baldrian kannst du auch bei Stress, Angst, innerer Unruhe und Reizbarkeit anwenden. Dieses Kraut kannst du nicht nur verbrennen, sondern auch trinken.

Basilikum

Basilikum löst innere Verspannungen und Nervosität. Zudem gibt es uns Mut, wenn wir das Kraut verbrennen. Dies musst du jedoch nicht unbedingt machen, da wir es auch in einem schönen Salat oder bei Pasta verarbeiten und zu uns nehmen können.

Bilsenkraut

Bilsenkraut kam vermutlich mit früheren Vagabunden nach Europa und ist wie die Alraune eine der bekanntesten und zugleich wichtigsten Pflanzen für Hexen und Magier. Es hat viele verschiedene Namen, so wie Hexenkraut, Zigeunerkraut oder Teufelsauge.

Bilsenkraut nutzen wir, wenn wir auf eine Astralebene gelangen wollen, zudem erhalten wir dadurch Weitsicht.

ACHTUNG:
BILSENKRAUT HAT EINE NARKOTISCHE WIRKUNG!
WENDE ES ALSO NUR IN KLEINEN MENGEN AN!

Borretsch

Borretsch ist auch unter Namen wie Gurkenkraut oder Herzfreude bekannt.

Borretsch benutzen wir, um unser Selbstbewusstsein zu stärken und Mut zu erlangen.

Brennnessel

Die Brennnessel gilt schon seit vielen Jahrhunderten als Zauberkraut. Sie hat eine Menge an Eigenschaften, die sich dafür eignet, in vielen verschiedenen Ritualen genutzt zu werden. So gibt sie uns Kraft, wir können sie in Liebeszaubern anwenden und sogar Lust hervorrufen. Doch auch Schutz und innere Stärke kann sie uns bringen.

Dill

Dill wird dir bei Entscheidungen helfen. Du kannst es bei Unentschlossenheit einfach als Kraut in deinen Salat mischen oder bei einigen Zaubern im getrockneten Zustand verbrennen. Es hilft dabei, klar zu sehen.

Eibe

Die Eibe ist seit Jahrhunderten als Hexenbaum bekannt und gilt als Pflanze der Toten, weshalb man sie oft auf Friedhöfen sieht. Für uns Hexen dient sie allerdings zum Schutz vor dem Bösen. Wir nutzen sie nicht nur in Ritualen, sondern setzen sie auch in unsere Gärten ein.

Eisenkraut

Eisenkraut nehmen Hexen gerne mit auf ihren Weg, es schenkt uns eine gute Reise, fernab von negativen Energien. Zudem nutzen wir es gerne als Talisman, ebenfalls um negative Energien von uns zu halten. Zudem ist es das deutsche beziehungsweise europäische Pendant zu Verbene.

Gewürznelke

Gewürznelken nutzen wir für viele verschiedene Zauber. Bei Heilungszauber hilft uns die Gewürznelke, unser Gedächtnis zu stärken. Solltest du einmal Schwierigkeiten haben, dich zu erinnern, oder ist dir etwas so wichtig, dass du es nie vergessen möchtest, nutze diese Pflanze. Doch auch um Empathie zu erlangen, kannst du die Gewürznelke einsetzen. Zudem vermag sie auch bei Liebeszauber zu helfen.

Ingwer

Ingwer verwenden wir bei Sanftheitszaubern. Hierbei sollen harte Menschen sanfter werden.

Johanniskraut

Johanniskraut hat grundsätzlich eine ähnliche Wirkung wie Baldrian. Wir nutzen dieses Kraut gerne, wenn wir eine Situation positiv beeinflussen wollen.

Kamille

Kamille kennt wohl jeder als Tee. Wir kennen somit auch ihre beruhigende Wirkung. Doch Kamille bringt uns auch Konzentration und kann uns dabei helfen, klar zu denken.

Katzenminze

Trotz des Namens ist die Katzenminze nicht nur für unsere verschmusten Begleiter von Bedeutung. Wir nutzen sie auch, und zwar vor allem bei Liebeszaubern. Allerdings gehört sie nicht nur zu romantischen Ritualen, sondern kann auch für Schutz sorgen, innere Ruhe herbeirufen und steht zudem in Verbindung mit Freundschaft und Freundlichkeit.

Knoblauch

Wenn wir von Knoblauch im Zusammenhang mit Magie sprechen, kommt sicherlich sofort das Bild eines Vampirs in den Sinn. Dies stimmt nicht, dennoch hält Knoblauch das Böse von uns fern. Hier geht es nicht nur um Schutzzauber, sondern auch darum, Gedankenkreise zu durchbrechen.

Madonnen-Lilie

Die Madonnen-Lilie ist auch als Weiße Lilie oder als Mutter aller Lilien bekannt. Sie repräsentiert die Reinheit, weshalb sie sich wunderbar für Reinigungszauber eignet. Gleichzeitig stellt sie auch die Jungfräulichkeit dar.

Magnolie

Die Magnolie nutzen wir dazu, um unser Gefühlsleben in Einklang zu bekommen und uns zu entspannen.

Majoran

Majoran nutzen wir in der Magie vor allem für die positive Eigenschaft. Es verstärkt nämlich gute Laune, weshalb wir es zur Verstärkung solcher Zauber einsetzen können, oder als Abwehr gegen schlechte Laune und Einsamkeit.

Mohn

Wenn wir von Mohn sprechen, meinen wir nicht das Korn, welches wir auf unser Brötchen streuen. Sondern die Blume, die rotleuchtend in vielen Gärten haust. Wir Hexen und Magier verbinden den (Klatsch-) Mohn mit Schlaf und Vergessenen.

Die Allgemeinheit kennt Mohn auch als Mahnmal für Krieg und die Toten.

Nutzen wir es in Zaubern, können wir hier vor allem Fruchtbarkeit erfahren, allerdings nicht auf uns gerichtet, sondern auf unseren Garten mit Blumen, Obst und Gemüse.

Narzisse

Die Narzisse können wir in sehr vielen Ritualen und Situationen anwenden. Es reicht allein das Mitführen einer Blüte, um uns Glück zu bescheren. Zudem hat sie eine beruhigende Wirkung, lässt uns unser inneres Harmonisieren, gibt uns Hoffnung und kann dazu beitragen, Selbstliebe zu empfinden. Sie ist ein Symbol der Wiedergeburt, welches wir vor allem gerne im Frühjahr verwenden.

Petersilie

Ähnlich wie der Knoblauch, kannst du auch die Petersilie dazu einsetzen, um ein Gedankenkarussell zu durchbrechen. Zudem löst es psychische Blockaden.

Pfefferkörner

Pfefferkörner sind vor allem bei Motivationszauber ein Muss. Allerdings solltest du immer auf die jeweilige Farbe der Pfefferkörner achten.

So nimmst du schwarze Körner, wenn du Motivation bei alltäglichen Dingen brauchst. Rote Pfefferkörner nutzt du, wenn es sich auf Liebe und Treue bezieht. Grüne Pfefferkörner eignen sich besonders gut, wenn du für Prüfungen oder Ähnliches lernen musst.

Pfefferminze

Auch die Pfefferminze ist bei uns als Tee sehr bekannt. In der Magie liefert diese Minze vor allem eines: Energie.

Ringelblume

Die Ringelblume ist auch unter dem Namen Calendula bekannt. Wir nutzen sie bei Gedanken an die Toten. Zudem soll die Ringelblume in früheren Riten Visionen hervorgerufen haben. Da wir sie heute nicht mehr verzehren, kann dies allerdings nicht bestätigt werden.

Rose

Die Rose ist eine der wenigen Pflanzen, die wir nicht im getrockneten Zustand bei unseren Zaubern verwenden. Denn wenn du sie als vertrocknete Blüten verbrennst, haben die Blüten keinerlei Wirkung. Bei der Rose nutzen wir die frischen Blütenblätter.

Zum Einsatz kommt sie vor allem bei Liebeszaubern, kann aber auch bei anderen Zaubern helfen, die weitere Personen miteinbeziehen.

Sie verstärkt den Zauber, da sie das Symbol für Liebe, Freundschaft, Glück und Schutz ist.

Salbei

Salbei kann dich darin unterstützen, geduldiger zu werden. Manchmal braucht es nämlich genau das: Zeit. Ob es nun um einen Zauber geht oder um das normale, alltägliche Leben. Zudem wirkt es ähnlich wie der Knoblauch und die Petersilie bei Befreiung vom Negativen.

Safran

Safran hat einen umfassenden Nutzen für uns. Zum einen kann man daraus Tinte gewinnen, welche einige Hexen und Zauberer gerne in ihren Ritualen verwenden. Vor allem bei Schutzzauber (in Form von Schutzschriften) oder bei Wünschen ist die Tinte mit Safran bewährt. Zudem kann man Safran wunderbar bei Heilzaubern einsetzen.

Sonnenblume

Die Sonnenblume ist schon seit Jahrhunderten ein Bestandteil der Magie und wurde bereits von den Azteken und Inkas bei Ritualen genutzt.

Sie steht für Fruchtbarkeit, Glück und Loyalität. Sie im Garten zu haben, ist also immer positiv, doch auch in gewissen Ritualen kannst du sie verwenden.

Spanischer Flieder

Allen voran der spanische Flieder, doch auch Flieder im Allgemeinen, gilt als Blume der Romanze. Sie blüht nur kurz, was die Lebensspanne einer (oftmals) Sommerromanze widerspiegelt. Neben einer kleinen Romanze setzen wir Flieder auch dabei ein, um negative Energien zu verbannen.

Thymian

Thymian stärkt deine Magie ungemein. Dabei musst du das getrocknete Kraut nicht unbedingt (nur) verbrennen. Lege frische Zweige dafür einfach bei deinen Zaubern aus.

Veilchen

Veilchen setzen wir bei vielen verschiedenen Zaubern ein. So kannst du sie bei einem Schutzzauber einsetzen oder in den Ecken deines Hauses beziehungsweise deiner Wohnung aufstellen, um negative Energien fernzuhalten. Auch bei Liebes- und Heilzauber kannst du sie einsetzen.

Verbene

Verbene oder Verbena ist das südamerikanische Pendant zum Eisenkraut. Eisenkraut nehmen Hexen und Magier gerne mit auf ihren Weg, es schenkt uns eine gute Reise, fernab von negativen Energien. Zudem nutzen wir es gerne als Talisman, ebenfalls um negative Energien von uns zu halten.

Vergissmeinnicht

Anhand des Namens wissen wir schon, zu welchen Zaubern wir das Vergissmeinnicht nutzen sollten. Dies gilt sowohl auf dich bezogen als auch auf andere.

Wichtig hierbei ist, dass du nur die Blütenblätter nutzt, ob getrocknet oder frisch, ist allerdings dir überlassen.

Weißdorn

Weißdorn nutzen wir gerne bei Schutz- und Heilzaubern. In den meisten Fällen als Räucherwerk, wenngleich wir sie wegen des doch unangenehmen Geruchs oft mit weiteren Düften mischen. Zudem bietet Weißdorn Gerechtigkeit.

Zimt

Zimt ist ein magischer Alleskönner und wird ähnlich wie Weihrauch bei vielen Ritualen verwendet. Es soll uns Geld bringen, uns schützen und negative Energien fernhalten. Es begünstigt unsere Spiritualität, schenkt uns Kraft, kann Liebe beeinflussen und gibt uns Stärke.

Zwiebel

In der Magie werden Zwiebeln vor allem bei Schutzzaubern eingesetzt und können vor allem negative Energien von uns und deinem Heim fernhalten.

In vielen Fällen wirst du in diese Kapitel zurückspringen, um etwaige Zeilen noch einmal durchzugehen und dir Öle und Pflanzen genau auszusuchen. Vorteilhaft ist es, wenn du dir bereits einige Textstellen markierst, damit du immer wieder darauf zurückkommen kannst.

Musik

Musik wird oftmals unterschätzt. Für viele ist sie lediglich ein Zeitvertreib, für andere ein Hintergrundgeräusch, das man entweder mag oder nicht. Aber hast du dich schon einmal gefragt, weshalb zum Beispiel in Filmen ständig Musik gespielt wird? Ich meine nicht die bekannten Disney-Filme, in denen gesungen wird. Ich rede von Fantasy- und Scifi-Filmen, die alle ihre eigene Titelmusik haben. Oder ein Liebesdrama, in dem traurige Musik eingespielt wird, wenn der Protagonist verlassen wird. Wir finden sie in jedem Genre. Aber auch im Theater ist sie überall zu finden. Hierbei muss nicht einmal etwas auf der Bühne passieren und trotzdem werden wir schnell in eine andere Welt gezogen. So ist es auch mit Entspannungsmusik oder Instrumentalvarianten von berühmten oder weniger bekannten Songs.

Allein schon mit diesem kurzen Text hast du vielleicht bereits verstanden, worauf ich hinauswill. Musik ist allgegenwärtig und hilft uns, Dinge zu visualisieren. Da dies ein wichtiger Bestandteil der Magie ist, kann es für dich hilfreich sein, wenn du Musik auflegst, wenn du übst oder gar Magie ausübst. Dies kann deine Lieblingsmusik sein oder etwas Passendes zu jeweiligen Zaubern. Es ist nämlich nicht so, dass du zum Beispiel mit Beethovens Symphonien bessere Liebeszauber walten lassen kannst. Aber wenn du in der Lage bist, zu visualisieren und die Energien zu fühlen, die du für deinen Zauber brauchst, dann ist es einfach, Magie auszuüben. Nutze also Musik, um dich und deine Magie zu stärken.

Dass dies funktioniert, siehst du an verschiedenen alltäglichen Beispielen. Viele nutzen Musik oder Klänge zur Meditation. Andere wiederum finden Inspiration in Musik.

Doch Musik ist nicht gleich Musik. Es kann auch die Stimmkraft sein, deine Betonung, deine Emotionen in der Stimme. Wenn man singt, erzeugt man ebenfalls Musik.

Ich rede immer davon, dass du visualisieren musst, was auch korrekt ist. Grundsätzlich, wenn du erfahren bist, benötigst du weder Musik, Hintergrundgeräusche oder deine Stimme.

Aber geh einmal in dich und erkenne, wie stark die Macht des Wortes sein kann. Manchmal sind es Worte, die uns unendlich verletzen oder berühren, und das mehr als Taten. Auch wenn wir wohl alle eher nach Taten Ausschau halten. Unterschätze niemals die Macht der Worte und der Musik.

Was benötige ich?

Wenn du eine geübte Hexe oder ein geübter Magier bist, kannst du Magie auch ohne großes Material und an jedem Ort ausführen. Doch gerade zu Beginn wirst du etwas Equipment brauchen, um dich sicher zu fühlen. Zudem hilft es zur späteren Visualisierung.

Räumlichkeit

Eines der wichtigsten Dinge ist die Räumlichkeit. Überlege dir, wo du deine Magie ausüben willst und versuche zumindest die ersten Rituale am selben Ort durchzuführen. Dies ist wichtig, da sich die Magie dort sammelt und du wirst lernen, dich magisch zu fühlen. Du solltest dort ungestört sein und alles, was du nutzt, im Blick haben bzw. muss es sicher sein, dein Material dort zu verwenden.

Zeit

Ein weiterer wichtiger Faktor ist die Zeit. Du musst dir unbedingt immer viel davon nehmen, da du Zauber nicht hetzen kannst. Fühle dich keinesfalls gestresst und konzentriere dich nur auf dich und deine Magie. Schalte ab und stelle dir zur Not einen Wecker, um dich nach einer gewissen Zeit wieder aus deinem Gedankenfluss und der Magie herauszuholen. Während die Magie wirkt, solltest du komplett ungestört sein.

Auch wenn wir in der heutigen Zeit immer das Gefühl haben, dass wir erreichbar sein müssen, ist es wichtig, dass du dich nicht ablenken lässt. Ich habe dir bereits gesagt, dass der Ort deiner Magie, also deines Altars, ruhig und ungestört liegen sollte. Allerdings darfst du dich auch nicht von deinem Smartphone ablenken lassen. Am besten schaltest du es aus oder sorgst dafür, dass du ungestört bist. Bestenfalls legst du es in einen anderen Raum. Auch ein Tablet oder iPad ist nicht hilfreich in der Magie.

Solltest du noch Hilfe benötigen, weil du dir nicht alles merken kannst, was du für deinen Zauber brauchst, schreibe dir kleine Notizen, sodass du keine Elektronik um dich herumhast.

Diese stört nämlich den Energiefluss.

Altar

Für unsere Magie ist es wichtig, dass du dir einen Ort suchst, an dem du und nur du ausschließlich Magie vollziehst. Wir nennen es, den Altar. Dies darf nicht einfach ein alter, ungebrauchter Tisch in einer verstaubten Ecke sein. Vorher darf auch niemand anderes daran gearbeitet haben.

Ich habe dir bereits gesagt, dass du eine passende Räumlichkeit finden sollst. Dort stellst du deinen Altar auf. Als Beispiel nenne ich einen Tisch, wobei dein Altar dir selbst gehört und von dir frei gestaltet werden kann.

Diesen Tisch stellst du also dort auf, wo es für dich am besten passt. Er muss nicht dauerhaft dort stehen, sollte aber definitiv nur für deine Magie genutzt werden. Hier wirst du Kerzen aufstellen, Räuchermaterial verbrennen und deine Zauber sprechen.

Gegenstände

Welche Gegenstände du benötigst, hängt vom jeweiligen Zauber ab. Hauptsächlich wirst du mit Kerzen arbeiten, da wir in diesem Buch die Kerzenmagie behandeln. Doch auch Räucherwerk und Pflanzen spielen bei unseren Zaubern eine Rolle.

Je nach Magie wirst du dich also individuell darauf vorbereiten müssen.

Hauptsächlich werden es Dinge sein wie eine Athame, um zum Beispiel Zeichen, Symbole und Runen in deine Kerzen zu ritzen.

Kerzen und Räucherwerk, ein Kelch oder eine Schale. Federn, ein Stab, Pflanzen, Kräuter, Kristalle. Stoffe aus verschiedenen Farben, weitere Symbole, die dir wichtig erscheinen.

Räucherschale

In der Magie nutzen wir häufig die Methode des Räucherns. Hierzu gibt es verschiedene Möglichkeiten. Meine liebsten sind die Räucherschale, die wir mit Räucherkohle und etwas Sand füllen, um dort Kräuter und Ähnliches kokeln zu lassen. In einigen Fällen zünden wir die Kräuter auch selbst einfach an, ohne Kohle zu nutzen. Dies erfährst du immer in den jeweiligen Anleitungen der Rituale. Und, wenn es einfach sein soll, Räucherstäbchen. Diese lassen wir einfach abbrennen.

Doch wie löschen wir unsere Räucherutensilien? Wie gesagt, die Räucherstäbchen lassen wir einfach abbrennen. Sollten wir diese allerdings doch mal löschen wollen, bevor der Zauber beendet ist, oder weil wir den Zauber beenden müssen, pusten wir die Glut nicht einfach aus. Stattdessen kannst du die Glut lieber im Sand ersticken.

Bei der Nutzung einer Räucherschale verbrennen oder verkokeln die Kräuter, Kräutermischungen und alles, was du sonst noch nutzt, eigentlich recht schnell. Wichtig zu beachten ist, dass du diesen Rest niemals in den Müll wirfst. Am besten verteilst du die Asche in deinem Garten, wenn diese komplett erloschen ist. Räucherst du mit Kohle, solltest du diese immer komplett abbrennen lassen. Dies sollte immer unter deiner Aufsicht geschehen. Solltest du allerdings, aus welchem Grund auch immer, nicht die Zeit haben, um zu warten, dass die Kohle vollständig verglüht ist, hast du auch hier die Möglichkeit, sie mit Sand zu bedecken und die Glut somit zu ersticken. Eine andere Methode wäre, die Kohle unter Wasser zu halten. Dies sollte jedoch nur mit einer geeigneten Zange geschehen!

Journal

Etwas, das ich als sehr wichtig empfinde, gebe ich dir folgend mit. Und zwar das Journal. Für den Anfang habe ich dir auf den kommenden Seiten ein einfaches Journal angefügt (bestehend aus 5x2 Seiten).

Das unten eingefügte Journal ist nur ein Beispiel, du kannst dir je nach Belieben selbst dein Journal auf deine Bedürfnisse gestalten und Dinge hinzufügen, die für dich wichtig sind, oder etwas streichen, wenn es für dich keine Besonderheit darstellt.

Sicherlich wirst du auch nicht bei jedem Zauber ein Journal nutzen, doch gerade am Anfang ist es hilfreich, darauf zu achten, wie du welches Ritual durchgeführt hast.

Ebenso findest du untenstehend einen QR-Code, dieser führt dich zu meinem Google Drive Ordner, wo du dir das unten angefügte Journal ganz leicht ausdrucken kannst.

ACHTUNG:

Manche Stifte färben durch das Papier! Verwende bitte nur Farb- oder Bleistifte, um mögliche Frustrationen zu vermeiden!

Tag, Monat, Uhrzeit: ______________________

Ritual: ____________ Ziel: ______________

Mondphase: ______________________

Sternzeichen: ______________________

Wer war dabei: ______________________

Dauer: ____________ Ort: ______________

Was habe ich verwendet :

____

____

____

____

Welche Musik habe ich gehört:

____

____

____

Wie habe
ich mich gefühlt:

Was habe ich gesprochen:

Was ist während des Zaubers passiert:

Wie, was und wann war das Ergebnis:

Tag, Monat, Uhrzeit: ______________________________

Ritual: ____________ Ziel: ________________

Mondphase: ____________________________

Sternzeichen: __________________________

Wer war dabei: _________________________

Dauer: __________ Ort: ________________

Was habe ich verwendet :

____

____

____

____

Welche Musik habe ich gehört:

____

____

____

Wie habe
ich mich gefühlt:

Was habe ich gesprochen:

Was ist während des Zaubers passiert:

Wie, was und wann war das Ergebnis:

Tag, Monat, Uhrzeit: ______________________

Ritual: __________ Ziel: ______________

Mondphase: ______________________

Sternzeichen: ______________________

Wer war dabei: ____________________

Dauer: ________ Ort: ______________

Was habe ich verwendet :

____

____

____

____

Welche Musik habe ich gehört:

____

____

____

Wie habe
ich mich gefühlt:

Was habe ich gesprochen:

Was ist während des Zaubers passiert:

Wie, was und wann war das Ergebnis:

Tag, Monat, Uhrzeit:

____

Ritual: ___________ Ziel: ______________

Mondphase: _________________________

Sternzeichen: ________________________

Wer war dabei: ______________________

Dauer: _________ Ort: ______________

Was habe ich verwendet :

____

____

____

____

Welche Musik habe ich gehört:

____

____

____

Wie habe
ich mich gefühlt:

Was habe ich gesprochen:

Was ist während des Zaubers passiert:

Wie, was und wann war das Ergebnis:

Tag, Monat, Uhrzeit: ______________________________

Ritual: ____________ Ziel: ________________

Mondphase: ____________________________

Sternzeichen: ____________________________

Wer war dabei: __________________________

Dauer: __________ Ort: ________________

Was habe ich verwendet :

____

____

____

____

Welche Musik habe ich gehört:

____

____

____

Wie habe
ich mich gefühlt:

Was habe ich gesprochen:

Was ist während des Zaubers passiert:

Wie, was und wann war das Ergebnis:

Vorbereitung

Reinigung

Zur Raumreinigung gehört nicht nur, das Reinigen der Energien des Raumes, indem du deinen Zauber sprechen willst, oder anders gesagt: Wo dein Altar aufgebaut wird. Sondern auch das reinigende Bad für dich selbst.

Für das reinigende Bad, welches du durchführst, um dich zunächst selbst von negativen Energien zu befreien, verwendest du Kräuter und ätherische Öle, die du magst, die aber vor allem dafür gedacht sind, negative Energien abzuwehren und zu vertreiben. Lies hierfür in den Unterkapiteln „Pflanzen“ und „Öle & Düfte“, welche Kräuter hierfür geeignet sind.

Nachdem du dich somit von den negativen Energien befreit hast, ziehst du deine Zauberkleidung an. Dies kann alles sein, worin du dich wohlfühlst. Dies kann etwas Neues, extra für die Magie Gekauftes sein, oder etwas Altes, mit dem du vielleicht schöne Erinnerungen verbindest. Von jetzt an ist dies jedoch ausschließlich die Kleidung, die du nutzt, wenn du zauberst.

Hast du dich angezogen, kannst du nun loslegen. Doch vorerst ist die Raumreinigung dran. Dies führst du auch durch, bevor du deinen Altar aufbaust, ansonsten vor einer Magiesession. Bis hierhin benötigst du noch keinen Zauberspruch oder Gegenstände, doch für die Raumreinigung schon. Diesen findest du im Kapitel „Die wichtigsten Basics“.

Material Besorgen

Die Besorgung des magischen Materials habe ich als sehr einfach kennengelernt. Wie bereits angesprochen, musst du nichts aus einem Hexenladen kaufen. All die Dinge, die dort angepriesen werden, sind nicht besser oder schlechter für Magie geeignet als alles andere, was du im Supermarkt, auf Jahrmärkten oder gar Weihnachtsmärkten kaufen kannst.

Tatsächlich musst du für einige Materialien etwas suchen. Kräuter kannst du nicht nur in Kräuterläden oder Baumärkten mit Gartenanschluss bekommen, sondern auch in Apotheken oder gar in Geschäften, die sich auf verschiedene Regionen der Erde spezialisiert haben. Gleiches gilt für Kerzen, Kleidung, Kristalle, Öle und Düfte und alles, was du für deine Magie verwenden willst.

Es mag sein, dass du das Gefühl hast, dass das Material aus einem Hexenladen für dich besser ist. Dann darfst du diese Sachen natürlich nutzen. Hier kannst du dir auch die Salbungen der Gegenstände sparen, da sie oftmals nicht mehr von diversen Energien behaftet sind. Achte aber darauf, was du dir holst, es muss nicht immer viel Geld kosten.

Material Entsorgen

Die Entsorgung deines magischen Materials ist schon etwas anders als die Besorgung. Wir wollen die meisten Sachen nicht einfach wegschmeißen. Wie schon beim Löschen der Kerzenflamme, würden wir nämlich auch hier alle Energie, mit der wir die Gegenstände in den Ritualen beladen, einfach ebenfalls wegschmeißen. Wir könnten uns unsere Magie also sparen.

Es wird immer wieder Dinge geben, die du zu anderen magischen Ritualen noch verwenden kannst. Wir schmeißen also nicht einfach alles in den Müll, um es zu entsorgen. Manches bewahren wir auf und verwenden es einfach später noch einmal. Dies gilt zum Beispiel für Stoffe oder Kristalle. Nach einiger Zeit wirst du eventuell ein kleines Arsenal von Dingen angesammelt haben, von denen du dachtest, du würdest es wiederverwenden.

Nicht immer ist das der Fall. Du solltest also ruhig immer mal wieder – in welchem Abstand bleibt dir überlassen – eine kleine Inventur machen und schauen, ob du wirklich noch alles benötigst, was du angesammelt hast.

Neben dem Re- und Upcycling kannst du auch die Entsorgung mit Hilfe der Elemente tätigen. Zum Beispiel kannst du Asche verbrannter Kräuter in deinen Garten streuen, wobei du das Element Erde und Luft zugleich nutzt. Auch das Einbuddeln von natürlichen Dingen, wie zum Beispiel einer Bienenwachskerze, ist möglich. Auch das Verbrennen und Ertränken von Gegenständen ist denkbar, wenngleich du immer darauf achten solltest, dass du alle Sicherheitsvorkehrungen triffst und nichts Giftiges verbrennst oder Bäche verschmutzt.

Die Praxis

Um Magie korrekt und effektiv einzusetzen, bedarf es ein wenig Übung. Magie muss nicht in Form von Kerzenmagie erfolgen, im Gegenteil, du brauchst dafür keine Kerzen, teilweise kannst du Übungen sogar unterwegs anwenden. Folgend biete ich dir mehrere Übungen, die dir dabei helfen, Magie zu manifestieren, dich zu konzentrieren und sie dir noch etwas näherzubringen als bisher geschehen. Außerdem kommt auch endlich der Praxisteil in der Kerzenmagie.

Bevor wir Magie tatsächlich anwenden, gebe ich dir einige Methoden an die Hand, um Magie besser zu erlernen und zu üben. Eigentlich sind die Übungen bereits die ersten Schritte der Magieanwendung, wenngleich du es noch nicht als solche empfinden wirst. Je öfter du folgende Übungen durchführst, desto schneller wirst du Ergebnisse deiner Magie sehen. Auf was wartest Du, lass uns endlich starten.

5 ÜBUNGEN UM DEINE MAGIE ZU STÄRKEN

Konzentrationsübung

Um deine Konzentration ein wenig zu steigern und dich auf die Magie vorzubereiten, ist es hilfreich, wenn du dir ab jetzt über einen Zeitraum von wenigen Wochen jeden Tag Zeit nimmst. Dies sollte nicht zu einer bestimmten Zeit sein, sondern gerne unterschiedlich. Zum Beispiel heute am Morgen und morgen am Nachmittag. Zu dieser bestimmten Zeit, die zu Beginn ruhig nur wenige Minuten einnehmen kann, solltest du dich auf die Wochentage und die Tageszeit konzentrieren.

Am besten führst du auch ein kleines Tagebuch darüber, wie und ob du unterschiedliche Schwingungen wahrgenommen hast und bereits spürst, wie die Tageszeit und die Wochentage Einfluss auf dich und deine Energien nehmen.

Um es genau zu beschreiben:

Du setzt dich von nun an jeden Tag für einige Minuten einfach hin und schließt deine Augen. Nun versuchst du, alles, was in deinem Kopf ist, jeden Gedanken, beiseitezuschieben und die Schwingungen und Energien um dich herum wahrzunehmen. Wenn du zu Beginn nichts spürst, ist das nicht schlimm. Nach einiger Zeit solltest du dennoch in der Lage sein, etwas zu fühlen, etwas, das um dich herum ist, nicht in dir, wie deine Gefühle. Noch dazu wirst du sicherlich von Tag zu Tag unterschiedliche Energien wahrnehmen.

Die nächste Übung kannst du parallel dazu üben, da dir die Meditation ungemein dabei helfen kann.

Meditation

Auch wenn du kein Fan von Meditation bist, solltest du es in den nächsten Tagen, am besten Wochen, noch einmal ausprobieren. Denn durch die Meditation erlangst du Konzentration und innere Ruhe. Für ersteres gibt es bereits eine Übung. Zweiteres ist jedoch wichtig, damit du nicht durch Zauber hindurchrast und deine Magie hastig ausübst.

Wie du meditierst, bleibt dir überlassen. Ich begann mit Pilates und merkte erst später, dass Yoga für mich die beste Alternative beim Meditieren ist, obwohl ich glaubte, Pilates wäre ideal für mich. Es gibt aber auch andere Methoden, wie du dich entspannen und meditieren kannst.

Ich persönlich liebe einfache Yoga-Übungen. Zunächst nehme ich mir dafür mindestens eine viertel Stunde Zeit, zünde eine Duftkerze an und lege Musik auf. Das kannst du je nach Geschmack ebenfalls machen, oder du genießt einfach die Stille und die normale Luft um dich herum. Hierzu legst du dich auf den Boden, zunächst ganz flach auf den Rücken, die Arme liegen entspannt neben dir, die Handflächen zeigen zur Decke. Du beginnst zu atmen.

Atme mit der Nase tief in den Bauch ein und mit dem Mund wieder aus. Zu Beginn mag es dir schwerfallen, doch mit der Zeit sollte es einfacher werden, deine Atmung sollte sich ein wenig verlangsamen und du solltest merken, wie sich dein Körper und auch dein Geist entspannt. Allein diese Übung kann dir am Anfang dieses Trainings bereits ungemein helfen. Sollte dir dies zusagen, kannst du mit einfachen Yoga-Übungen fortfahren. Gut sind zum Beispiel „Der herabschauende Hund", bei dem du auf Füßen und Händen stehst und deinen Rumpf in die Höhe schiebst. Dein Kopf sollte dabei entspannt nach unten hängen. Auch hier atmest du wie zuvor beschrieben. Auch „Der Baum" ist eine wundervoll einfache Übung für Anfänger. Hier stellst du dich auf ein Bein, winkelst das andere gegen dein Knie, bestenfalls sogar gegen deinen Oberschenkel, und streckst deine Arme über deinen Kopf. Wieder atmest du wie beschrieben ein und aus.

Dies sind Anfängerübungen und bei weitem keine annähernd vollständige Auflistung. Allerdings erhältst du so einen kleinen Überblick in Yoga-Übungen und kannst für dich entscheiden, ob diese Art von Meditation etwas für dich ist.

Energiefluss

Für diese Übung solltest du zunächst einen ruhigen Ort aufsuchen, um dich auch richtig konzentrieren zu können. Aber es geht auch unterwegs, in der Bahn oder in einem Park.

Um den Energiefluss zu spüren, klammerst du dich an einen Gedanken. Dies kann eine Erinnerung aus einem wunderschönen Urlaub sein, ein entspannter Moment mit den Liebsten, ein amüsanter Partyabend oder etwas ganz anderes.

Schließe die Augen und strecke deine rechte Hand inklusive des Zeigefingers aus. Quasi so, als würdest du auf etwas zeigen.

Während du intensiv an diese Situation denkst, wirst du merken, wie sich Energie in dir formt. Diese Energie wandert nun. Sie sollte sich nach einiger Zeit von deinem Inneren, oftmals beginnend in der Magen- und Herzgegend, hinauf zu deiner rechten Schulter, über den Arm und letztendlich in deinen ausgestreckten Zeigefinger wandern. Spürst du die Energie, konzentriere dich nun darauf und halte sie eine Weile in dir.

Bist du mit dieser Übung fertig, kannst du die Augen öffnen und die rechte Hand etwas ausschütteln.

Sollte es dir unangenehm sein, deine Hände in der Öffentlichkeit dazu zu bewegen, musst du diese Bewegung nicht groß machen. Es reicht, wenn deine Hand zum Beispiel in deiner Tasche oder auf deinem Bein liegt.

Visualisierung

Für die Magie ist es wichtig, dass du genau weißt, was dein Zauber bewirken soll. Es geht aber nicht nur darum, eine vage Situation zu beschreiben, wie zum Beispiel: Ich möchte den Job bekommen. Es geht darum, dir genau vor Augen zu führen, wie es ist, wenn du den Job hast. Schließe deine Augen und versuche, dir exakt vorzustellen, wie es in deinem neuen Job sein würde. Wo arbeitest du? Siehst du dich hinter deinem neuen Schreibtisch oder in der neuen Tierklinik? Welchen Tätigkeiten gehst du genau nach?

Sofern du dich in diese Situation hineinversetzen kannst und alles vor deinen inneren Augen siehst, geht die Übung weiter.

Nun geht es darum, dein Umfeld zu beobachten. Wie reagieren deine neuen Kollegen auf dich? Wie ist dein Chef oder bist du sogar in der Führungsposition? Dann stelle dir vor, wie du mit deinen neuen Mitarbeitern umgehst. Doch nicht nur die Visualisierung deines Tuns ist wichtig, sondern auch die Gefühlslage von anderen. Würdest du mit deinem Zauber irgendwem schaden? Fühlt sich jemand durch deinen Zauber nicht gut? Hier geht es nicht um die Person, die beim Vorstellungsgespräch nicht deinen Job bekommt.

Sondern eher darum, ob du, zum Beispiel in der Führungsposition, deine Macht ausnutzen würdest oder ein fairer Chef wärst.

Kannst du nun vollkommen die Situation erfassen und richtig sehen, anstelle einer vagen Vorstellung, bist du bereit, richtig zu zaubern. Diese Übung solltest du auch nach Erfolg immer mal wiederholen. Stelle dir alle möglichen Situationen vor. Ein Liebeszauber, ein Schutzzauber, vielleicht auch nur neues Selbstbewusstsein für dich.

Intuition

In der Magie ist Intuition ebenfalls wichtig, wie vieles andere. Hier gehen wir ein wenig zurück, nämlich in die Vergangenheit oder besser, in die Anfänge der Menschheit. Die Natur, die sehr viel mit Magie zu tun hat, hat uns eines mitgegeben: Intuition. Intuitiv wissen wir manchmal, welche Personen oder Situationen wir meiden sollten. Oft ist es in unserem alltäglichen Leben zwar nicht möglich, solches zu umgehen, aber wir spüren immer öfter dieses eine merkwürdige Gefühl im Bauch, dass uns sagt: Da stimmt etwas nicht. Gleiches kann auch für Positives stehen.

Ab heute solltest du vermehrt auf dich und dein Bauchgefühl achten. Sobald du meinst, etwas stimmt nicht oder etwas zieht dich zu einer bestimmten Person oder an einen Ort, dann höre in dich hinein. Was will dir das Gefühl mitteilen? Wo zieht es dich hin? Und was hast du daraus gelernt, nachdem du die Situation durchlebt hast und vor allem, wenn du diesem Gefühl nicht gefolgt bist? Am besten machst du dir dazu Notizen, damit du im Laufe der Zeit nachvollziehen kannst, ob du besser auf deine Intuition hörst.

Wichtig ist dies vor allem dann, wenn du dich etwas länger mit der Magie beschäftigst. Intuitiv wirst du wissen, was du für manche Zauber brauchst, um sie für deine Belange zu verbessern. Sicher wirst du auch den ein oder anderen Zauber selbst gestalten und nur mit Intuition wirst du hierfür die richtigen Zutaten wählen.

Selbstreinigung

Ich habe dir im Kapitel „Vorbereitung“ mitgeteilt, dass du vor einem magischen Ritual baden sollst. Dies ist korrekt, allerdings weiß ich aus eigener Erfahrung, dass es in einigen Fällen nicht geht. Das bedeutet aber nicht, dass du deswegen keine Magie nutzen kannst. Denn es gibt einen Trick, mit dem du dich dennoch selbstreinigen kannst, ohne baden oder duschen zu müssen.

Es ist ein verkürztes Reinigungsritual, welches du immer und sogar überall praktizieren kannst. Denn die Energien um dich herum, sollten immer gereinigt werden, bevor du dich magisch betätigst.

Was du also tun musst, wenn du keine Zeit für ein reinigendes Bad hast, ist Folgendes:

Breite deine Arme aus und drehe dich einmal um die eigene Achse. Schüttele dann deine Hände, als würdest du Tropfen oder etwas Ähnliches abschütteln wollen. Nun kreuzt du deine Arme vor der Brust, sodass deine Hände die jeweils andere Schulter berühren: Die rechte Hand liegt auf der linken Schulter und die linke Hand auf der rechten. Dann wischst du mit den Händen über die Arme, von den Schultern hinunter und schüttelst deine Hände erneut aus. Zum Schluss streichst du von deiner Brust deinen Körper hinunter und schüttelst deine Hände ein letztes und somit drittes Mal aus.

HINWEIS:

EINIGE HEXEN UND MAGIER WERDEN DIES NICHT (MEHR) MACHEN. TATSÄCHLICH WIRST DU NACH EINER WEILE DER PRAKTIZIERENDEN MAGIE EINIGES, WAS DU GELERNT HAST, ANDERS MACHEN. SO AUCH DIESES RITUAL. VORAUSSICHTLICH WIRST DU ES ZWAR WEITER PRAKTIZIEREN, DANN ALLERDINGS NUR IN GEDANKEN, DA DU DIE VISUALISIERUNG PERFEKTIONIERT HAST.

Raumreinigung oder Magischer Zirkel

Einer der wichtigsten Zauber, die wir in beinahe jeder Art von Magie nutzen, ist die Raumreinigung, auch „Magischer Zirkel“ genannt. Diesen ziehst du, wenn du dich selbst gereinigt hast und deine Zauberkleidung trägst. Zuvor solltest du bereits alles andere (Zutaten, etc.) vorbereitet haben.

Zunächst einmal musst du dir überlegen, wo du den Kreis oder auch magischen Zirkel ziehen willst. Dein Altar sollte darin eingeschlossen werden, also ziehe ihn groß genug. Zudem benötigst du entweder einen Besen, mit dem du tatsächlich fegst, oder einen imaginären Besen, den du wie einen echten Besen bewegst.

Als erstes fegst du den Raum aus, indem du den Zauber anwenden willst – oder du tust so, als würdest du fegen. Dabei musst du folgendes sagen:

„Feg, feg mit diesem Besen, alles Schlechte, das hier gewesen. Feg, feg das Gute herein; das Böse auf immer gebannt will sein.“

Anschließend wirst du deinen Kreis, deinen magischen Zirkel ablaufen. Während du im Uhrzeigersinn gehst, wirst du sagen:

„Element Wasser, ich gehe nun zum ersten Mal im Kreis, damit reinige und weihe ich diesen Boden.“

Du tust dasselbe abermals und sprichst nun:

„Element Erde, ich gehe nun zum zweiten Mal im Kreis, damit er meine Energie leite.“

Du wirst dich wieder wiederholen und sagst:

„Elemente Feuer und Luft, ich gehe den Kreis zum dritten Mal, damit er mich und meine Energien schütze.“

Nun ziehst du diesen Kreis mit deinem Zeigefinger, oder wahlweise mit deiner Athame nach.

Wenn du möchtest, kannst du deinen magischen Zirkel auch mit Kreide auf den Boden malen.

HINWEIS:
VIELE HEXEN UND MAGIER NUTZEN DAS REINIGENDE RITUAL NUR ZU BEGINN IHRER HEXENKUNST. SPÄTER REICHT ES AUS, WENN DU EINEN EINFACHEN ZIRKEL ABLÄUFST UND MIT RÄUCHERWERK DIE NEGATIVEN ENERGIEN VERSCHEUCHST. ABER AUCH HIERFÜR BENÖTIGST DU ÜBUNG, WESHALB DAS DOCH ETWAS LANGWIERIGE RAUMREINIGUNGSRITUAL ZU BEGINN SINNVOLL IST.

Magischen Zirkel Lösen

Nachdem du deine Magie hast walten lassen, musst du den magischen Zirkel wieder lösen, damit die Energie frei fließen kann.

Strecke deinen Zeigefinger aus – oder nimm deine Athame – und laufe den Kreis, den du vorhin gezeichnet hast, wieder ab. Dieses Mal jedoch gegen den Uhrzeigersinn. Am besten beginnst du im Osten. Visualisiere dabei die Energie, die im Zirkel lag, die nun in deinen Zeigefinger strömt und deinen gesamten Körper einnimmt. Bist du den Kreis abgelaufen und ist die Energie durch dich hindurch in den Boden geflossen, strecke deine Hände zum Himmel und sage folgende Worte:

„Der Kreis ist geöffnet, doch niemals gebrochen. Auf dass alle Lebewesen und alle Elemente, die ich in diesem Ritual anrief, niemals zu Schaden kommen."

Weihung deines Werkzeuges

Du hast bereits erfahren, dass du sowohl dich als auch den Raum, in dem du deine Magie zum Einsatz bringst, von negativen Energien reinigen musst. Gleiches gilt für die Dinge, die du für deinen Zauber benötigst. Auch sie sollten von negativen oder störenden Energien gereinigt werden. Denn auch wenn du zum Beispiel eine Kerze ganz neu hast und davon ausgehst, dass keine negativen Energien zu spüren sind, so können der Transportweg oder die Verpackung auch Einfluss auf die Gegenstände nehmen.

Dies verhinderst du wie folgt:

Sammle zunächst alle Sachen zusammen, die du für deinen Zauber benötigst. Dies gilt für Gegenstände wie auch für Zutaten.

Halte sie entweder fest oder stellte sie auf deinen Altar auf. Nun wirst du folgenden Spruch aufsagen:

„Elemente Wasser, Erde, Feuer und Luft, ich rufe euch. Auf dass alle negative Energie gebannt wird und nur die positive Energie übrigbleibt. Dies ist mein Wille, deshalb geschehe es.“

Dies musst du nicht vor jeder Nutzung eines einzelnen Werkzeugs tun. Wenn du es einmal geweiht hast, reicht es aus. Es ist jedoch sinnvoll die Weihung zu wiederholen, wenn du ganz andere Zauber damit bewirken willst als zuvor.

Energieritual für dein Werkzeug

Neben der Weihung deines Werkzeugs, was du unbedingt tun solltest, kannst du deinen Werkzeugen auch ein wenig mehr Power verleihen. Dies ist kein Muss, ergibt aber vor so manchen Zaubern, die stark sein müssen, Sinn. Hierfür solltest du deine Werkzeuge vorher weihen. Wenn dies also schon ein wenig her ist, führe die Weihung einfach erneut durch.

Der Zeitpunkt für diesen Zauber ist nachts und am besten bei Vollmond, auf jeden Fall aber brauchst du das Mondlicht. Neumond ist ausgeschlossen.

Nach der Weihung, wie in „Weihung deines Werkzeuges“ beschrieben, legst du dein Werkzeug auf deinem Altar in das Mondlicht und setzt dich daneben. Du selbst musst nicht im Mondschein sitzen, wenn es dir nicht möglich ist, weil du zum Beispiel zu kleine Fenster hast. Atme ruhig ein und aus und schaue dann auf deine Werkzeuge, die vom Mondlicht getränkt werden. Nun wirst du den Mond darum bitten, seine Energie mit dir und deinen Werkzeugen zu teilen. Du wirst die richtigen Worte in dir finden. Bitte ihn einfach darum, lass dich von deinem Gefühl leiten.

Hast du dies vollzogen, wickele dein Werkzeug in ein Tuch und lass es bis zum Morgen dort liegen.

Selbstinitiierung

Du hast in diesem Buch bereits eine Menge über Magie und Kerzenrituale erfahren. Du hast gelernt, dass du dich und deinen Raum reinigen musst, bevor du Magie ausübst. Und tatsächlich solltest du dich auch initiieren oder initiieren lassen, bevor du deine ersten Rituale vollziehst. Üblicherweise zaubern wir Hexen und Magier heutzutage allein, weshalb du dich voraussichtlich selbst initiieren wirst. Solltest du einem Hexenzirkel angehören, werden dich die Hexen in einem Ritual weihen.

Zur Selbstinitiierung benötigst du vorab Lavendelöl (hiervon drei Tropfen) und einen Duftstein.

Nun brauchst du Zeit. Du solltest dir eine gute Stunde einplanen und an einen ungestörten Ort gehen, bestenfalls nahe deinem Altar. Nun tropfst du die drei Tropfen auf den Duftstein und setzt dich im Schneidersitz auf den Boden. Sei ganz entspannt, lege deine Hände auf die Knie, die Handflächen sollen dabei nach oben zeigen.

Nun beginnst du intensiv und bewusst zu atmen. Du kannst dafür auch deine Augen schließen. Du wirst so lange in der Position verharren, bis du ganz entspannt und aufnahmebereit bist. Lass dir unbedingt so viel Zeit, wie du brauchst und versuche nicht, das Ritual zu beschleunigen, indem du es einfach vollziehst.

Versuche auch bewusst deine Umgebung wahrzunehmen. Welche Tageszeit ist es? Kannst du Licht empfinden? Sonnen- oder Mondlicht? Ist es kalt oder warm? Riechst du etwas? Wenn du vollkommen im Hier und Jetzt bist, atme noch einmal bewusst und hebe dann die Arme, während du sagst:

„Ich spüre die Anwesenheit des Geistes. Ich werde mich seiner bedienen, ihn ehren und schützen. Ich werde die Kraft des Geistes nutzen, um meinen Willen zu stärken und dabei niemandem schaden.“

ZAUBER OHNE KERZEN

Folgend findest du mehrere Zaubersprüche, die dich wohl am häufigsten in deinem Leben als Hexe oder Magier begleiten. Sie stehen in keiner besonderen Reihenfolge. Solltest du also mit der Magie beginnen, lies zunächst zumindest die Überschriften durch und entscheide, welche Zaubersprüche für dich wann am sinnvollsten geeignet sind.

HINWEIS FÜR ALLE FOLGENDEN ZAUBER UND RITUALE:
BEVOR DU MIT DEM EIGENTLICHEN ZAUBER BEGINNST, FÜHRST DU DIE REINIGUNG AN DIR UND DEINEM RAUM DURCH (BESCHRIEBEN IM KAPTIEL „DIE WICHTIGSTEN BASICS“). DANN BIST DU BEREIT!

Glückszauber

Mit dem Glückszauber wirst du keine Wunder bewirken. Doch solltest du in einer Situation diesen Funken an Glück brauchen, dann wird er durch den Glückszauber zu dir kommen. Du kannst dir also keinen Gewinn bei einem Gewinnspiel heraufbeschwören, aber vielleicht die eine richtige Zahl im Lotto, auf die du schon seit Monaten spekulierst.

Bevor du beginnst, musst du genau wissen, um welche Situation es sich handelt. Durchlebe sie, wie es jetzt ist und wie sie sein soll, wenn das Glück auf deiner Seite ist. Welche Konsequenzen gibt es dabei für dich und eventuell andere?

Bist du dir über alles im Klaren, was passieren kann, suchst du dir nun deine Zutaten zusammen.

Diese sind:

- Kleine Schale
- Große Schale
- Wasser

Fülle Wasser in die kleine Schale, während du sagst:

„Element Wasser, ich rufe dich. Auf dass alle negative Energie gebannt wird. Und nur die positive Energie übrigbleibt. Dies ist mein Wille, deshalb geschehe es."

Nun hast du das Wasser geweiht. Weiter geht es mit dem Aufladen deines Willens auf das Wasser. Hierfür benötigst du Ruhe und Konzentration, wie du es durch die Übungen gelernt hast.

Wenn du deine Energie spürst, geht es mit folgenden Worten weiter:

„Auf dass mein Geist übergehe auf dieses Wasser, auf dass das Element meinen Willen trage, auf dass meine Energie sich verdreifache und sich lenken lasse, Glück gebe von nun an den Anstoß. Dies ist mein Wille, also geschehe es."

Nun lässt du das Wasser von der kleinen in die große Schale fließen und sagst:

„Dies ist mein Wille, also geschehe es.“

Wieder lässt du das Wasser von der einen Schale in die andere laufen und wiederholst dieses Vorgehen dreimal.

Anschließend stellst du beide Schüsseln auf deinem Altar ab und führst dir die Situation vom Beginn des Zaubers noch einmal vor Augen.

Öffne den magischen Zirkel und der Zauber ist beendet.

Erfolgszauber

Zunächst einmal ist es wichtig zu verstehen, dass Erfolg für jeden anders aussieht. Versuche dir also bildlich vorzustellen, wie dein Erfolg in deiner Situation aussieht und ob du jemand anderen damit schaden könntest. Am besten wirkt dieser Zauber bei Prüfungen oder Vorstellungsgesprächen, wenngleich du deinen Erfolg immer genau visualisieren musst.

Bist du dir über alles im Klaren, was passieren kann, suchst du dir nun deine Zutaten zusammen.

Diese sind:

- Ein grünes Baumblatt
- Eine gelbe Blume
- Eine blaue Blume
- Eine Schale
- Eine Handvoll Erde
- Einen Briefumschlag

Nun nimmst du das grüne Blatt in deine linke Hand und streckst den Arm aus. Dabei sagst du:

„Das grüne Blatt soll mir Glück bringen."

Zu dem Blatt nimmst du nun ein Blütenblatt der gelben Blume und streckst deinen Arm nach oben, während du sagst:

„Die gelbe Blume beschwört den Erfolg."

Nun nimmst du ein Blütenblatt der blauen Blume hinzu und sprichst:

***„Die blaue Blume steht für meinen Willen,
der dem Erfolg zugrunde liegt."***

Dann legst du alles in die Schale und streust die Erde darüber.

Dabei sprichst du:

„Ich bedecke euch mit Mutter Erde, auf dass sie mich daran erinnert, dass ich es bin, die am Ursprung meines eigenen Erfolgs steht."

Letzteres musst du dreimal sprechen, während du dich erneut auf die Situation konzentrierst, in der du Erfolg brauchst.

Anschließend schüttest du den Inhalt der Schale in den Briefumschlag. Diesen bewahrst du auf und kannst ihn immer wieder nehmen, wenn du Erfolg brauchst.

Öffne den magischen Zirkel und der Zauber ist beendet.

Abwehrzauber

Es ist immer von Vorteil, einen Abwehrzauber zur Hand zu haben. Es kann sein, dass du glaubst, dass es jemand auf dich abgesehen hat, dass dir jemand nicht wohlgesonnen ist und du dich deshalb unsicher fühlst. Es ist nicht so, dass dir dieser Zauber einen neuen Freund einbringen wird, aber sollte dir jemand etwas Schlechtes Wünschen, so kannst du dies damit stoppen.

Diesen Zauber wirst du nicht zuhause ausführen, sondern **im Freien unter einem Baum.**

Deine Materialien sind:

- 1 Blatt Papier
- 1 Stift
- 1 willkürlicher Stein

ACHTUNG:
NACH DER REINIGUNG AN DIR, UNBEDINGT DEN MAGISCHEN ZIRKEL UM DEN ORT DEINER WAHL ZIEHEN (BESCHRIEBEN IM KAPITEL „DIE WICHTIGSTEN BASICS“).

Nun wirst du dir einige Situationen vorstellen, in denen du meinst, dass du negative Energien von einer Person empfangen hast. Erinnere dich so detailliert wie möglich an verschiedene Situationen.

Konntest du die Situationen nachempfinden, schreibst du nun den Namen der Person auf dein Blatt Papier. Anschließend wirst du das Papier um den Stein wickeln, den du dir ausgesucht hast. Auf diesen konzentrierst du dich nun, bis du seine Energie spürst und sagst:

„Wer auch immer mich kränken oder mir schaden möchte, soll wissen, dass er sich selbst schadet. Denn alles, was ausgeht, kommt dreifach zurück. Drum gib mir, oh Erde, die Kraft der inneren Stärke wie eine Rüstung um meine Seele, um zu lösen die negativen Bande. Dies ist mein Wille, also geschehe es.“

Nun vergräbst du den Stein samt Zettel unter dem Baum, unter dem du sitzt.

Wieder konzentrierst du dich auf die Situationen, die du bereits zu Beginn des Zaubers rekonstruiert hast.

Öffne den magischen Zirkel und der Zauber ist beendet.

Freundschaftszauber

Einen Freundschaftszauber mit komplettem Erfolg auszuführen, bedarf einiger Übung, da Freundschaft, wie auch Liebe, sehr komplex ist. Vor allem solltest du dir vorher im Klaren darüber sein, was du erwartest, aber auch, was du für die Freundschaft tun willst.

Deine Zutaten:

- Fencheltee
- 1 Schale Wasser
- 10 Rosenblütenblätter
- 1 Foto der Person,
  die dein Freund oder deine Freundin werden soll

Nun trinkst du einen Schluck des Fencheltees und legst das Foto auf deinen Altar. Die Wasserschale stellst du vor dich und konzentrierst dich auf die Oberfläche. Währenddessen denkst du an die Person in dem Bild und legst die Rosenblütenblätter nacheinander in die Wasserschale. Hierbei denkst du an alles, was eure Freundschaft ausmachen soll.

Sind alle Blütenblätter im Wasser, nimmst du die Schale in beide Hände mit den Worten:

„Wie mein Inneres ist auch mein Äußeres, offenliegen alle meine Schwächen und Stärken. Mein Wunsch ist rein und ohne Hintergedanken, nur unsere Freundschaft zählt. Vertraue mir, denn ich vertraue dir, verbunden sollen wir sein auf ewig. Dies ist mein Wille, also geschehe es.“

Nun nimmst du die Rosenblütenblätter aus dem Wasser und legst sie auf das Foto, wo du sie trocknen lässt.

Öffne den magischen Zirkel und der Zauber ist beendet.

Hinweis zu allen Zaubern:
Einige Hexen und Magier werden dies nicht (mehr) machen. Tatsächlich wirst du nach einer Weile der praktizierenden Magie einiges, was du gelernt hast, anders machen. So auch dieses Ritual. Voraussichtlich wirst du es zwar weiter praktizieren, dann allerdings nur in Gedanken, da du die Visualisierung perfektioniert hast.

20 KERZENRITUALE

Es gibt ganz viele verschiedene Kerzenrituale, keiner ist besser oder schlechter als der andere. Ich liste dir hier einige Zauber auf, die ich selbst probiert habe. Vollständig sind sie keineswegs und mit erlernter Intuition wirst du sie auch ein wenig variieren.

KLEINE WIEDERHOLUNG:
BEVOR DU MIT DEM EIGENTLICHEN ZAUBER BEGINNST, FÜHRST DU DIE REINIGUNG AN DIR UND DEINEM RAUM DURCH (BESCHRIEBEN IM KAPTIEL „DIE WICHTIGSTEN BASICS“). DANN BIST DU BEREIT!

Aufmerksamkeitszauber für die Liebe

Ich denke, dass einige auf genau diese Art von Zauber gewartet haben. Es gibt unzählige Liebeszauber. Du musst für dich herausfinden, welcher am besten wirkt. Ich gebe dir hier eine kleine Auswahl an verschiedenen Ritualen.

Dieser Liebeszauber zielt darauf ab, die Person deines Begehrens auf dich aufmerksam zu machen.

Du benötigst:

- 2 rosa Kerzen
- 3 getrocknete Brennnesselblätter
- 1 TL roter Pfefferkörner
- 1 Räucherschale
- 1 Foto der Person,
  die dir Aufmerksamkeit schenken soll

Starte, indem du auf den Rücken des Fotos Folgendes mit euren Namen schreibst.

„X (Person des Begehrens) muss y (du) kennenlernen."

Nun stellst du beide Kerzen auf deinen Altar und lässt so viel Platz, dass du das Foto zwischen sie stellen kannst. Zünde die Kerzen an. In die Räucherschale legst du nun die Brennnesselblätter und Pfefferkörner und zündest sie an. Du musst so lange warten, bis es zu räuchern beginnt. Nun drehst du das Foto um, sodass alles auf dem Kopf steht und schaust der Person der Begierde in die Augen.

Sprich den Satz, den du bereits auf das Foto geschrieben hast. Dann drehst du das Foto wieder richtig herum und wiederholst den Satz erneut.

Schließe deine Augen und denke an die Person.

Kerzen und Räucherschale kannst du nun löschen. Öffne den magischen Zirkel und der Zauber ist beendet.

Liebeszauber

Dieser Liebeszauber ist schon eher der, den du verwendest, wenn ihr euch bereits kennt und deine Gefühle äußerst stark sind. Allerdings benötigst du etwas von der Person der Begierde, was er oder sie dir freiwillig übergibt, ohne zu verraten, wofür du es brauchst.

Du benötigst:

- 2 kleine rote Kerzen
- 1 kleine Kerze,
  in der Farbe des Sternzeichens der Person der Begierde
- 3 rote Rosenblätter
- 2 Messerspitzen Rosmarin
- 1 TL roter Pfefferkörner
- 1 Räucherschale
- 1 Blatt Papier
- das, was dir die Person gegeben hat

Dein Zauber beginnt damit, deinen Namen auf das Blatt zu schreiben. Drehe es nun so, dass dein Name auf dem Kopf steht und schreibe unter deinem Namen den Namen der Person, die dich lieben soll. Ziehe einen Kreis um eure Namen.

Nun legst du das Blatt auf deinen Altar und zündest die Kerzen an, zuerst die Roten, dann die Sternzeichenkerze.

In die Räucherschale gibst du eine Messerspitze Rosmarin und die Pfefferkörner und zündest sie an. Beginnt es zu räuchern, legst du ein Rosenblatt auf das Blatt Papier, und zwar genau in den Kreis, während du sprichst:

Suchst du mich, dann steh' ich hier, liebst du mich, gehör' ich dir."

Nun legst du das zweite Blatt der Rose in den Kreis und sprichst den Satz erneut. Dann streust du den übrigen Rosmarin auf die Rosenblätter in den Kreis und legst anschließend das letzte Blatt hinein. Dein Finger bleibt auf diesem Blütenblatt, während du den Satz noch einmal sprichst.

Lösche die Sternzeichenkerze, dann die anderen.

Öffne den magischen Zirkel und der Zauber ist beendet.

Farbenliste Sternzeichen

- Fische – Hellgrün
- Jungfrau – Beige
- Krebs – Weiß/Silber
- Löwe – Gold/Orange
- Schütze – Lila
- Skorpion – Schwarz
- Steinbock – Braun
- Stier – Waldgrün
- Waage – Rosa
- Wassermann– Türkis/Blau
- Widder – Rot
- Zwilling – Gelb/Orange

noch ein Liebeszauber

Falls der gerade genannte Liebeszauber nicht wirkt, kannst du es mit diesem hier versuchen. Sei aber gewarnt, ein Zauber kann die Energien nur lenken, er kann keine Wunder bewirken.

Du benötigst:

- Stoffe und Kerzen in der Farbe,
  die eure Beziehung am besten beschreibt
- 1 Blatt Papier
- 1 Stift
- Ganz viel Zeit

Dekoriere deinen Altar mit den farbigen Stoffen und Kerzen, die eure Beziehung beschreiben. Es können mehrere Farben und Farbtöne sein, arbeite dennoch am besten nur mit denen, die euch am besten repräsentieren.

Nimm das Blatt und notiere eine bestimmte Situation, in der du dich mit der Person der Begierde gerne sehen würdest. Dies kann bei einem Date sein, im Urlaub, auf eurer Hochzeit, was auch immer dir einfällt und du am detailliertesten vor dir sehen kannst.

Zünde die Kerzen an und fächere die Kerzenluft um dich herum, im magischen Zirkel, während du sagst:

„Komm x (Name der Person der Begierde), komm herbei. Meine Gedanken sind rein, meine Gefühle frei. Sieh mich mit neuen Augen, sieh meine Schönheit, meine Stärken. Spüre die Macht des Schicksals, das uns zusammenführt. Dies ist mein Wille, also geschehe es."

Falte das Papier dreimal in der Länge, zu dir hin (ganz wichtig) und lege es wieder auf deinen Altar.

Setze dich im Schneidersitz vor deinen Altar, lege die Hände auf die Knie, die Handflächen zeigen zur Decke und konzentriere dich auf die Person und deine Gefühle zu ihr oder ihm.

Später pustest du die Kerzen aus.

Öffne den magischen Zirkel und der Zauber ist beendet.

HINWEIS:

DAS BLATT BLEIBT GEFALTET UND WIRD AUFBEWAHRT. ENTWEDER BIS DU DER PERSON NÄHERGEKOMMEN BIST ODER BIS DU MERKST, DASS ER ODER SIE DIE FALSCHE PERSON FÜR DICH IST. SO ODER SO VERBRENNST DU DAS PAPIER DANN, OHNE HINEINZUSCHAUEN.

Mutzauber für die Liebe

Ein Mutzauber ist ebenfalls wichtig für die Liebe, denn ohne den Mut, jemanden anzusprechen, wirst du es allgemein schwer haben.

Du benötigst:

- 1 silberne Kerze
- 1 pinke Kerze
- 1 schwarzen Stift
- 2 Lorbeerblätter
- 1 Feder

Zeitpunkt:

- Mittwoch bei zunehmendem Mond
- allerdings tagsüber

Für diesen Zauber benötigst du einen **Ort im Freien**, er muss aber **unbedingt windgeschützt** sein.

VERGESSE HIER NICHT:
NACH DER REINIGUNG AN DIR, UNBEDINGT DEN MAGISCHEN ZIRKEL UM DEN ORT DEINER WAHL ZU ZIEHEN (BESCHRIEBEN IM KAPITEL „DIE WICHTIGSTEN BASICS“).

Dann stellst du dich in die Mitte deines Kreises und breitest deine Arme zu den Seiten aus, während deine Handflächen nach oben zeigen. Du sagst:

„Sonne, fülle mich mit deinem Licht. Sonne, fülle mich mit deiner Kraft. Sonne, zeige mir das, was in mir steckt. Bring es an dein Licht.“

Nun bringst du deine Arme langsam wieder runter. Schließe dabei deine Augen und spüre die Sonne, die ihr Licht durch dich hindurchscheinen lässt. Sind deine Arme neben deinem Körper angekommen, setzt du dich im Schneidersitz auf den Boden und zündest beide Kerzen an.

Schaue in die Flamme der pinken Kerzen und stelle dir die Person vor, die du magst. Visualisiere sie so vollständig wie möglich und schaue ihr oder ihm in die Augen. Anschließend siehst du in die Flamme der silbernen Kerze und visualisierst euch zusammen. Erneut treffen sich eure Blicke, während du die Energie spürst.

Dann schreibst du eure Namen jeweils auf ein Lorbeerblatt und legst sie nebeneinander. Nun zeichnest du in der Luft ein Pentagramm (der Stern mit fünf Ecken), beginnend oben, Richtung unten rechts.

Anschließend nimmst du das Blatt mit deinem Namen und lässt es von der silbernen Kerze anzünden, bis es etwas raucht. Die Feder nutzt du dabei, um den entstehenden Rauch hoch hinauszuwirbeln, während du sagst:

„Heißer als das Feuer, heller als Silber, tiefer als Rot, freier als Rauch ist mein Wille. Also geschehe es."

Dasselbe machst du nun mit dem Namen des Menschen deiner Begierde, allerdings bei der pinken Kerze. Der Spruch lautet hier folgendermaßen:

„Heißer als Feuer, heller als Silber, tiefer als Rot, freier als Rauch sei unsere Liebe. Also geschehe es."

Nun reibst du die Lorbeerblätter in deinen Händen und wirfst das Zerriebene in die Luft. Schaue dabei ins Sonnenlicht und flüstere stotternd:

„Abracadabra"

Fange nur mit dem A an und füge immer einen Buchstaben hinzu, bis du das volle Wort sprichst.

Lösche die Kerzen, öffne den magischen Zirkel und der Zauber ist beendet.

Freundschaftszauber

Ein Freundschaftszauber kann immer nützlich sein. Es entfernt Ärger zwischen zwei Personen und sorgt dafür, dass ihr euch wieder versteht. Es muss allerdings nicht dich betreffen, sondern kann sich einfach auf deinen Freundeskreis beziehen.

Du benötigst:

- 2 orangene Kerzen
- 1 Messerspitze Rosmarin
- 1 weißes Papier
- 1 TL schwarze Pfefferkörner
- 1 Räucherschale

Zünde zunächst die Kerzen an und schreibe dann in einem Satz, was der Zauber bewirken soll. Da dies ein Harmoniezauber für Freundschaften ist, sollte der Satz in etwa so aufgeschrieben werden: ***„Anna und Markus verstehen sich wieder.“*** Wichtig ist, dass er genau aussagt, was passieren soll und dass du ihn dir merken kannst.

In der Räucherschale zündest du nun den Rosmarin und die Pfefferkörner an. Das Blatt mit dem Satz legst du nun auf den Altar und sprichst den Satz laut aus.

Dann schon kannst du die Kerzen und alles, in der Räucherschale löschen.

Öffne den magischen Zirkel und der Zauber ist beendet.

Mehr Selbstvertrauen

Es gibt Situationen, in denen wir mehr Selbstvertrauen brauchen, als wir haben. Sei es, weil wir eine Pechsträhne haben oder weil wir eingeschüchtert sind. Dieser Zauber wird dir helfen, dein Selbstvertrauen zu stärken.

Du benötigst:

- 1 goldene Kerze
  (klein, da sie vollständig abbrennen muss)
- Ylang-Ylang Öl
- 1 Spiegel
- 1 Blatt Papier
- 1 Stift

Zeit:

- Sonntag
- bei zunehmendem Mond oder Vollmond

Salbe nun die Kerze mit dem Ylang-Ylang Öl ein und zünde sie anschließend an. Während sie brennt, schreibst du alles auf den Zettel, was du bisher erreicht hast. Ist die Kerze beinahe abgebrannt, schaust du in den Spiegel und liest dir die Liste, die du soeben erstellt hast, selbst vor.

Ist die Kerze selbstständig abgebrannt, öffnest du den magischen Zirkel und bewahrst die Liste eine Woche dicht bei dir auf.

Befreiungszauber

Mit Befreiungszauber ist nicht gemeint, dass du dich zum Beispiel aus einem Raum befreien kannst. Allerdings gibt es Situationen und Probleme, die man einfach immer mit sich trägt, ohne dass sie ein Ende nehmen wollen. Hiermit kannst du dich von diesen befreiend.

Du benötigst:

- 1 lila Kerze
- 1 TL getrocknete Petersilie
- 1 Räucherschale
- 1 Blatt Papier
- 1 leeres Glas
- 1 Glas mit Wasser

Zünde die Kerze an und lege die Petersilie in die Räucherschale, die du ebenfalls anzündest. Auf das Blatt schreibst du nun das Problem in einem Satz. Um diesen Satz ziehst du ein Dreieck und legst deinen Zeigefinger hinein. Schließe deine Augen und sage:

„Wenn das Alte geht, macht es Platz für das Neue.“

Zerknülle das Blatt und stecke es in das leere Glas. Das volle Glas trinkst du nun komplett aus und wiederholst den Satz. Lösche die Kerze und die Räucherschale.

Öffne den magischen Zirkel und der Zauber ist beendet.

Motivationszauber

Es gibt Situationen, in denen du einfach keine Motivation findest, doch hier kann ein Motivationszauber helfen.

Du benötigst:

- 2 gelbe Kerzen
- 2 blaue Kerzen
- 3 Wacholderbeeren (zerstoßen)
- ½ Zwiebel
- 1 Blatt Papier
- 1 Räucherschale

Als erstes zündest du die zwei gelben Kerzen an, auch die Wacholderbeeren in der Räucherschale. Auf das Blatt zeichnest du an deinem Altar eine Sonne, einen Mond und ein X nebeneinander. Dann erst zündest du die beiden blauen Kerzen an und legst die Zwiebelhälfte mit der Schnittstelle auf das Sonnensymbol.

Lege zwei Finger darauf, schließe deine Augen und konzentriere dich auf das Symbol, auf dem die Zwiebel liegt.

Öffne deine Augen, verschiebe die Zwiebel auf das Mondsymbol und wiederhole deine Tat.

Gleiches machst du mit dem X- Symbol.

Dann löschst du die gelben Kerzen, die Räucherschale und dann die blauen Kerzen.

Öffne den magischen Zirkel und der Zauber ist beendet.

Schlechte-gewohnheiten-Zauber

Schlechte Gewohnheiten hat jeder. Sei es, weil du zu viel rauchst, weil du an deinen Fingernägeln kaust, oder etwas anderes. Dieser Zauber hilft dir dabei, einen stärkeren Willen zu erlangen und den inneren Schweinehund zu überwinden, sodass du es vielleicht sogar schaffst, bald damit aufzuhören.

Du benötigst:

- 1 rote Kerze
- Getrocknete Salbeiblätter
- 1 Einmachglas
- 1 Symbol, was deine Angewohnheit repräsentiert
- 1 Räucherschale

Als erstes zündest du die rote Kerze an, dann die Salbeiblätter, sodass sie etwas kokeln, es sollte sich Rauch entwickeln. Damit gehst du nun den magischen Zirkel im Uhrzeigersinn ab, der Rauch muss sich dabei um dich verteilen, am Ende stellst du die Schale in die Mitte des Kreises.

Nun nimmst du das Einmachglas und hältst die Öffnung über den Rauch. Schließlich legst du das Symbol hinein, welches deine Angewohnheit widerspiegelt, und schließt das Glas.

Sprich:

„Geist, gib mir Kraft, meinen Entschluss durchzuhalten. Geist, gib mir die Klarsicht zu sehen, dass ich mir selbst schade, wenn ich aufgebe. Geist, hilf mir, der Versuchung zu widerstehen. Dies ist mein Wille, also geschehe es."

Lösche die Kerze und den Salbei.

Öffne den magischen Zirkel und der Zauber ist beendet.

Das Einmachglas bleibt am Altar, bis du die Angewohnheit los bist.

Keine-Sorgen-Zauber

Dass jeder einmal Sorgen hat, ist ganz klar. Es ist der Lauf der Dinge. Manches Mal wird man von diesen Sorgen jedoch von innen heraus aufgefressen und genau dafür, ist dieser Zauber gedacht.

Du benötigst:

- 1 weiße Kerze
- 1 rosa Kerze
- 1 silberne Kerze
- 1 Feder

Zeit:

- Am besten bei abnehmendem Mond

Danach gehst du dreimal gegen den Uhrzeigersinn den magischen Zirkel ab. Nun stellst du die Kerze in einem Dreieck auf. Die weiße Kerze steht oben, die rosa Kerze links, die silberne Kerze rechts. Die Feder kommt in die Mitte dieses Dreiecks, dann erst zündest du die Kerzen an.

Schließe nun deine Augen und konzentriere dich auf deine Sorgen. Kannst du sie klar vor dir sehen, legst du deine Hände auf deinen Bauch und spüre, wie er sich anfühlt. Visualisiere nun ein warmes Licht, dass von deinem Kopf in deine Hände und zum Bauch führt.

Nun öffnest du die Augen und hältst die Handflächen über die Feder, während du sprichst:

„Sorgen sollen diesen Körper verlassen. Auf dass mein Kopf frei sei, mein Herz frei sei und ich mich ruhig und gelassen der Zukunft zuwenden kann. Dies ist mein Wille, also geschehe es."

Anschließend nimmst du die Feder und führst sie durch den Rauch jeder Kerze, während du bei jeder Kerze sagst:

„Auf dass das Element Luft meine Sorgen forttrage."

Atme noch einmal tief durch und lösche dann die Kerzen.

Öffne den magischen Zirkel und der Zauber ist beendet.

Kein-Streit-Zauber

Streit ist in jedem Leben zu finden. Manchmal ist dieser schnell beendet, doch manchmal eben nicht. Und um dies zu können, ist dieser Zauber sehr gut. Er gibt dir Mut, den ersten Schritt in eine harmonische Zukunft zu gehen.

Du benötigst:

- 3 grüne Kerzen
- 1 gelben Stift
- 1 Blatt Papier
- 1 Feuerzeug
- 1 Räucherschale
- 1 Krug Wasser
- 1 Form für Eiswürfel
  (3 Eiswürfel müssen entstehen)

Hebe deine Arme zum Himmel und sage:

„Elemente Wasser, Feuer, Erde, Luft. Alle vier, gebt mir eure Energie, jetzt und hier!"

Halte die Arme so lange ausgestreckt, bis du die Energie fühlst, die in dich hineinfließt, dann gehst du dreimal gegen den Uhrzeigersinn den magischen Zirkel ab.

Als nächstes stellst du die Kerze in einem Dreieck auf, dann legst du alles andere in die Mitte. Setze dich im Schneidersitz davor und zünde die Kerzen an.

Schreibe nun den Namen der Person, mit der du Streit hast, auf das Blatt und zünde es mit der linken Kerze an.

Lege es in die Räucherschale und lass es kokeln. Beobachte, wie das Blatt verbrennt, während du sagst:

„Streit und Zwietracht seien für immer gebannt. Auf dass Offenheit und Verständnis an ihre Stelle trete. Dies ist mein Wille, also geschehe es."

Schütte nun die Asche in das Wasser. Dieses füllst du dann in die Eiswürfelform. Danach stehst du auf und sprichst:

„Kälte friere Kälte ein. Und bringe Wärme, Freundschaft, Liebe hier herein."

Löse den magischen Zirkel, dann erst die Kerzen und stelle die Eiswürfelform ins Gefrierfach.

Ist das Wasser gefroren, nimmst du die Eiswürfel mit dir nach draußen und suchst dir eine Stelle unter einem Baum aus. Nun nimmst du die 3 Eiswürfel in die linke Hand. Behalte sie dort, bis sie zu schmelzen beginnen, bevor du sie auf die Erde legst. Bei jedem Eiswürfel sagst du:

„Hiermit werde Kälte zu Wärme, Feindschaft zu Freundschaft, Hass zu Liebe."

Nun ist der Zauber beendet.

Schlechte-Laune-Zauber

Manchmal haben wir einfach schlechte Laune. Kommt dies aber zu oft vor, kannst du mit Hilfe dieses Zaubers dagegen steuern.

Du benötigst:

- 4 rote Kerzen
- Rosenöl
- 1 Duftstein
- Gewürznelken
- Rosenblätter
- Kleidungsstücke in den Farben Rot, Orange oder Gelb

Musik:

- deine Lieblingsmusik

Ort:

- Badezimmer, am besten mit Badewanne

Stelle nun die Kerzen in alle Ecken der Badewanne auf. Ist keine vorhanden, nutze die Ecken des Badezimmers. Ist dies nicht möglich, weil das Badezimmer mehr als vier Ecken hat, lasse die Kerzen weg.

Fülle die Wanne mit warmem Wasser. Träufle währenddessen schon das Rosenöl auf den Duftstein, der nahe der Wanne abgestellt wird.

In das Badewasser wirfst du die Nelken und die Rosenblätter und gehst nun Baden.

Nach deinem Bad (wie lange es andauert, hängt davon ab, wie gut du dich entspannen kannst) steigst du aus und stellst dich vor die Wanne. Hebe die Arme nach oben und sag:

„Element Wasser, ich rufe dich. Auf dass alle negative Energie gebannt wird und nur die positive Energie übrigbleibt. Dies ist mein Wille, also geschehe es."

Lasse nun das Badewasser ablaufen und ziehe dich in den genannten Farben an.

Lösche die Kerzen, den magischen Zirkel brauchst du nicht aufzuheben.

Schwere-Entscheidung-Zauber

Bei manchen Entscheidungen brauchen wir Hilfe. Diesen Zauber kannst du dabei anwenden.

Du benötigst:

- 1 schwarze Kerze
- 1 weiße Kerze
- 1 roten Stift
- 1 Blatt Papier
- 1 Tasse Salbeitee
- 1 Räucherschale

Zeit:

- Nachts

Zünde die Kerzen an und stelle die schwarze rechts von dir und die weiße links von dir auf. Schließe deine Augen und konzentriere dich auf die Entscheidung, die du treffen willst oder musst, versuche auch an mögliche Konsequenzen deiner Entscheidung zu denken.

Öffne deine Augen und schau in die Flamme der schwarzen Kerze. Schreibe die negativen Aspekte auf das Blatt.

Wiederhole dies mit der weißen Kerze und den positiven Punkten der Entscheidung. Stehe nun auf, strecke deine Arme zum Himmel und sage:

„Die Elemente sollen mir helfen, die richtige Wahl zu treffen. Gewährt mir die Weisheit, gewährt mir den Mut, gewährt mir die Kraft zu tun, was richtig ist.“

Trinke nun vom Salbeitee, lösche die Kerzen und löse den magischen Zirkel.

Wiederhole den Zauber drei Nächte lang.

Schreibe dabei auf, was dir einfällt, nicht unbedingt, was du bereits geschrieben hast und vergleiche die Vor- und Nachteile nach dem letzten Ritual.

Verbrenne alle Zettel an der schwarzen Kerze und lasse sie in der Räucherschale kokeln, bis das Feuer aus ist.

Drei-Kerzen-Ritual

Das Drei-Kerzen-Ritual dient dazu, uns Antworten auf Fragen zu geben. Nicht im wörtlichen Sinne, aber wir erhalten eine Intuition, sodass wir wissen, welchen Weg wir gehen sollen.

Du benötigst:

- 3 weiße runde Kerzen, ohne Metall
- Zeit und Ruhe
  (niemand, nicht einmal Haustiere, dürfen dabei sein)
- Keine Elektrizität im Raum

Zünde die Kerzen an und stelle sie in einem Dreieck auf den Boden. Nun spürst du die Energien im Raum, die Ruhe, eventuell bereits Intuition. Verharre mindestens zwei Minuten so. Erst dann hebst du deine Hände und beginnst zu sprechen:

„Ich möchte meine Engel bitten, mir dabei zu helfen, dass …"
(Dieser Satz wird individuell von dir fortgeführt.)

Öffne den magischen Zirkel und halte die nächsten Tage die Augen offen.

Kleine Zeichen, wie eine Überschrift in der Zeitung, könnten deine Antwort sein. Hast du eine Antwort erhalten, bedanke dich bei dem Engel für die Hilfe.

Haustier-Schutz-Zauber

Viele Hexen und Zauberer haben Haustiere, die sie beschützen wollen. Dieser Zauber ist das Äquivalent zum Schutzzauber für uns Menschen.

Du benötigst:

- 4 schwarze Kerzen
- 1 kleinen Metallanhänger

Stelle deine Kerzen in die vier Himmelsrichtungen auf und lege den Anhänger in die Mitte. Gehe deinen magischen Zirkel dreimal gegen den Uhrzeigersinn ab und sprich:

„Ich verbinde dich mit Schutz und Sicherheit, auf dass du nur Schutz und Sicherheit weitergibst. Möge meine Kraft immer mit dir sein. Dies ist mein Wille, also geschehe es.“

Setze dich anschließend und nimm den Anhänger in deine Hand, um deine Konzentration auf ihn zu übertragen. Stelle dir dabei genau vor, wie deine Energie auf den Anhänger springt.

Lösche die Kerzen, löse den magischen Zirkel und befestige den Anhänger am Halsband deines Tieres. Wahlweise kannst du es auch an die Leine machen oder unter das Bettchen legen.

Hilfe bei unglücklichen Beziehungen

Manchmal ist man trotz Liebe unglücklich. Dieser Zauber kann Abhilfe schaffen.

Du benötigst:

- 1 rote Kerze (muss abbrennen)
- Getrocknete Kräuter:
  Lavendel, Katzenminze und Ingwer

Zeit:

- bei zunehmendem Mond

Setze dich nun im Schneidersitz auf den Boden und stelle die Kerze vor dich. Zünde die Kerze an und konzentriere dich auf deine Absichten, die Beziehung wieder in einen glücklicheren Zustand zu versetzen. Spüre vor allem deine sexuelle Energie im Unterleib. Bist du voller Energie, nimm die Kräuter und zerreibe die Kräuter in deinen Händen, bevor du sie um dich herum verteilst.

Wenn die Kerze fast abgebrannt ist, sprichst du deinen Wunsch, was sich ändern soll.

Löse den Zirkel, gehe nach draußen, wirf die Kräuter in den Wind und lege die Kerzenreste bis zum nächsten Vollmond zu dir ins Bett.

Beliebtheit steigern

Auch der stärkste Zauber kann dich nicht plötzlich auf die A-Liste der Promis bringen. Aber er kann dir einen großen Schwung an Glück, positiver Energie und Selbstvertrauen verleihen.

Du benötigst:

- 1 goldene Kerze
- 3 gelbe Kerzen
- Weihrauch
- 1 Räucherschale

Zeit:

- Donnerstags bei zunehmendem Mond

Nun musst du auf die goldene Kerze deinen Namen einritzen.

Stelle sie mittig auf deinen Altar und verteile die gelben Kerzen im Dreieck um sie herum. Den Weihrauch kannst du in deiner Räucherschale verbrennen.

Zünde nun die Kerzen an, erst die goldene, dann die gelben im Uhrzeigersinn. Dabei sagst du:

„Sieh mich hier an, für alle zu sehen. Ich bin von drei Energien umgeben. Mit meiner Ausgeglichenheit und meinen Talenten bringe ich Faszination für immer zu jeder lebenden Nation. Dies ist mein Wille, also geschehe es."

Lösche die Flammen der Kerzen und öffne den magischen Zirkel.

Geld-Zauber

Dieser Zauber wird dir nicht von heute auf morgen eine Million Euro einbringen, aber er wird dir dazu verhelfen, Erfolg zu haben.

Du benötigst:

- 1 grüne Kerze (muss herunterbrennen)
- 1 goldfarbene Münze
- Zimt, Basilikum und getrocknete Orangenschalen

Zeit:

- bei zunehmendem Mond

Ort:

- im Freien, bei Nacht – du brauchst den Mondschein

VERGESSE HIER NICHT:
NACH DER REINIGUNG AN DIR, UNBEDINGT DEN MAGISCHEN ZIRKEL UM DEN ORT DEINER WAHL ZU ZIEHEN (BESCHRIEBEN IM KAPITEL „DIE WICHTIGSTEN BASICS“).

Zünde die Kerze an und nimm die Münze in die linke Hand. Die Kräuter hältst du in der Rechten.

Reibe deine Hände zusammen, sodass die Düfte der Kräuter durch deinen magischen Zirkel ziehen, die Münze erreichen und du die Düfte riechen kannst. Dabei sprichst du dreimal:

„Lass das Geld fließen, lass mein Geld sprießen. Ich bitte um Reichtum, Wohlstand und Gesundheit.“

Wenn die Kerze abgebrannt ist, wird die Kerze vergraben und die Reste der Kräuter auf den Erdhügel, der dadurch entsteht, gestreut.

Öffne den magischen Zirkel und halte die Münze bei dir bis zum nächsten zunehmenden Mond.

Verlorenes Wiederfinden

Verlorene Gegenstände kannst du mit folgendem Zauber wiederfinden.

Du benötigst:

- 1 silbernes Teelicht

Zünde dann die Kerze an und sprich:

„Bitte hilf mir, das zu sehen, was ich will finden, damit ich meinen Groll kann überwinden.“

Schaue nun dabei zu, wie das Teelicht abbrennt.

Manches Mal erkennst du bereits in der Flamme oder dem Rauch eine Visualisierung, wo sich dieser Gegenstand befindet. Andere Male wirst du eine Intuition erhalten oder das Gesuchte plötzlich finden.

Habe ein paar Tage Geduld.

Öffne den Zirkel, wenn die Kerze erloschen ist.

Karma

Karma ist etwas, das so zurückkommt, wie du es ausführst. Tust du etwas Schlechtes, so kommt etwas Negatives zu dir zurück, andersherum genauso. So die Theorie. Solltest du nun meinen, dass dir jemand einen bösen Zauber auferlegt hat, zahlst du es ihm oder ihr mit diesem Zauber dreifach zurück.

Du benötigst:

- 1 schwarze Kerze
- 1 weiße Kerze
- 1 rote Kerze
- Ätherisches Zimtöl
- 1 Taschenmesser

Zeit:

- Vollmond (Beginn oder Ende), über 9 Tage

Nun bereitest du die Kerzen vor. Die Weiße steht für dich, du kannst deinen Namen hier einritzen. Die Schwarze ist dein Widersacher und die rote Kerze erhält eine Notiz zu der Tat, die ausgeübt wurde. Hast du die Kerzen mit all ihren Notizen versehen, reibe sie mit dem Zimtöl ein. Stelle sie dann in ein Dreieck auf, wobei die weiße Kerze oben steht und sprich dreimal:

„Ich schicke das Böse in deine Richtung zurück, dreimal drei. Deine bösen Absichten werden bei mir bleiben, denn ich schicke sie dir zurück, dreimal drei."

Nun löschst du die Kerzen und öffnest den Zirkel.

Dieses Ritual wiederholst du 9 Tage.

Hinweis zu allen Zaubern:

Einige Hexen und Magier werden dies nicht (mehr) machen. Tatsächlich wirst du nach einer Weile der praktizierenden Magie einiges, was du gelernt hast, anders machen. So auch dieses Ritual. Voraussichtlich wirst du es zwar weiter praktizieren, dann allerdings nur in Gedanken, da du die Visualisierung perfektioniert hast.

Schlusswort

Wie du siehst, gibt es in Bezug auf die Magie und speziell auf die Kerzenmagie einiges zu lernen. Nur, weil du dieses Buch gelesen und dir seinen Inhalt eingeprägt hast, weil du die Übungen und einige Zauber vollzogen hast, weißt du noch längst nicht alles. Aber es ist ein Anfang in eine wunderbare Zeit für dich und deine Freunde. Nicht nur, könnt ihr gemeinsam jeden Zauber ausüben, sicher wirst du das ein oder andere Mal auch für deine Freunde einen Zauber sprechen. Sei es bezogen auf eure Freundschaft, als Schutz oder etwas anderes.

Die Magie wird dein Leben sicher bereichern. Vor allem aber ist es ein ständiger Lernprozess mit vielen verschiedenen Ergebnissen. Klappt ein Zauber nicht, gib keinesfalls auf. Vor allem am Anfang ist es nicht einfach, alles richtig zu machen, sodass du und dein Zauber erhört werden. Du weißt, worauf du achten kannst, um frühzeitig zu erkennen, ob ein Zauber ins Leere läuft. Fang von vorne an, konzentriere dich und vor allem: Hab Spaß!

Bevor wir zum Kapitel „Definition" gehen, habe ich noch eine kleine Bitte. Über Verbesserungsvorschläge und/oder Lob von meinen Lesern bin ich immer sehr erfreut, teile deswegen deine persönliche Meinung mit mir und anderen Menschen zu diesem Buch auf Amazon.

Versprochen es dauert auch nicht lange, rufe dafür auf Amazon „Meine Bestellungen" auf und suche nun dieses Buch, gehe auf „Schreiben Sie eine Produktrezension". Nun kannst du dein Feedback dalassen. Ich bedanke mich für deine Anregungen und deine Zeit.

Magische Grüße

Aria

Definition

Altar

Einen Altar kennt wohl jeder. Dieser ist hauptsächlich in Kirchen zu finden. Dort predigt ein Redner und traut Hochzeitspaare. Eigentlich handelt es sich hier jedoch um einen Opfertisch. Doch auch Hexen und Magier haben einen Altar. Dieser kann alles sein, von einer kleinen Box bis hin zu einem großen Tisch. Dort werden die meisten Rituale vollzogen, hier stehen oftmals auch Pflanzen und Kräuter und andere Dinge, die wir Hexen und Zauberer am häufigsten benötigen.

Astrologie

Astrologie ist die Deutung der Sterne. Hier geht es darum, einen Zusammenhang zwischen unserer Geburt und der Konstellation von Planeten und Sternen zu finden oder zu beweisen, dass die jeweilige Stellung, etwas mit unserem Leben zu tun hat. Das Horoskop, die Tierkreiszeichen und die Planeten werden hier unter anderem berücksichtigt.

Astronomie

Die Astronomie bedeutet Sternkunde. Das bedeutet, anders als in der Astrologie, dass die Sterne, Planeten, Galaxien und das Universum erkundet und erforscht werden. Wir erhalten Sternbilder, die Planetenlehre, erfahren von schwarzen Löchern und stellen uns die Frage des Ursprungs des Universums.

Athame

Athame kann den Artikel der oder das haben, selten sogar die. Ich nutze am liebsten die. Es ist ein rituelles Messer, also eines, dass man speziell für Rituale verwendet. Es gleicht zudem mehr einem Dolch als einem Messer.

ACHTUNG:
In Deutschland ist das Mitführen einer Athame, die eine Klinge von mehr als 12 cm oder eine beidseitige Klinge aufweist, verboten!

Aura

Mit dieser Aura ist nicht eine Form der Migräne gemeint, wenngleich der Name dessen vermutlich genau davon stammt. Die Aura ist die farbliche Präsenz einer Person. Sie muss nicht zwingend farblich sein, aber sichtbar. Menschen, die einen Raum betreten und sich alle zu ihnen umdrehen, haben eine große Aura.

Chakra

Chakra, plural Chakren, ist die Verbindung von unserem Körper zu unserer Energie. Dieser wird in verschiedenen Chakren eingeteilt. Jedes Chakra hat eine eigene Farbe, eine andere Bedeutung, ein Mantra, ein Element, einen Sinn und eine Bedeutung.

Duftstein

Ein Duftstein wird verwendet, um einen Raum mit einem Duft zu tränken. Pro Duft sollte nur ein Duftstein verwendet werden. Diese Steine bestehen meist aus Salzteig, seltener aus Ton und werden mit einigen Tropfen, häufig 5, benässt, um das Aroma des Duftes, oft als Form von ätherischem Öl, freizusetzen.

Esoterik

Die Esoterik ist eine Lebenseinstellung. Hier geht es darum, im Einklang mit dem Universum zu leben, es geht um die eigene Entwicklung. Zwar befassen sich Esoteriker oft und gern mit Meditation, Tarot und sozusagen magischen Dingen. Es beschränkt sich allerdings nicht auf Räucherstäbchen, die oftmals überteuert verkauft werden, da sie dem Kunden die Lüge verkaufen, man sei damit gleich esoterisch. Esoterik ist auch keine Hippiebewegung, wenngleich Esoteriker oftmals ähnlich frei leben.

Graue Magie

Die Graue Magie ist eine neutrale Magie. Sie wird weder für etwas Positives noch für etwas Negatives angewandt und dient oftmals nur dazu, etwas zu verstärken.

Okkultismus

Zunächst ist zu erklären, dass okkult paranormal und übersinnlich, wie mystisch und esoterisch bedeutet. Okkultismus ist die Bezeichnung für alles, das praktiziert wird oder eine gebildete Gesellschaft ist, dessen Sinn man nicht auf den ersten Blick versteht. Heute ist der Begriff negativ behaftet, dennoch meint das Wort schlichtweg eine Bewegung mit mystischem Hintergrund.

Religion

Religion ist der Begriff einer verbreiteten Weltanschauung oder eines Systems. In diesem System wird an einen oder mehrere übernatürliche Instanzen geglaubt, unter anderem als Gott bzw. Götter bezeichnet. Durch den Glauben an Gott und das Leben nach dessen Worten, auch als Gebote oder Vorschrift bekannt, erreichen die Gläubigen ein Leben nach dem Tod. Dies kann eine Wiedergeburt sein oder ein Leben in einer anderen Welt, wie dem Himmel.

Schwarze Magie

Schwarze Magie, auch Schadenszauber genannt, ist die Art Magie, mit der man Schaden anrichten kann.

In der Regel wird sie für böse oder selbstsüchtige Zwecke verwendet. Richtig angewandt kann diese Art von Magie sehr kraftvoll sein.

Session

Eine Session ist eine Art Sitzung. Eine bekannte Session ist eine Musiksession, auch Jammen genannt. Es ist eine Zeitspanne, in der etwas Bestimmtes gemacht wird. Ähnlich wie ein Termin.

Sigillen

Sigillen kennt man auch unter dem Begriff der Brillenbuchstaben. Sie sind Symbole, ähnlich wie alte Runen oder die neue Form der Runen, bekannt aus der Netflix Serie „Shadowhunters". Mit Sigillen kann man Magie ausüben.

Tarot

Tarot oder auch Tarotkarten sind ein Kartendeck von 78 Karten. Diese sollen beim Kartenlesen je nach Erscheinen die Zukunft voraussagen können. Es gibt verschiedene Möglichkeiten, Tarotkarten zu legen. Die Ziehung einer einzigen Karte (oft Tageskarte genannt) nennt man auch Orakel. Mittlerweile gibt es auch viele verschiedene gestaltete Kartendecks.

Index

H

I

J

K

L

M

N

W

Y

Z

Quellen

Abcdef.wiki
Akademie-sport-gesundheit.de
Alraune-esoterik.de
Angel-undervocer.de
Apotheken.de
Astronomie.de
Astroschmid.ch
Audiocrowd.net
beruhmte-zitate.de
Bravo.de
Brigitte.de
Buecher.de
Celticgarden.de
Chakren.net
Das Buch der Schatten von Maja Sonderbergh vom VGS Verlag
Das Buch der Zaubersprüche von Maja Sonderbergh vom VGS Verlag
Das Zauberbuch für Kerzenmagie: Ein Einsteigerhandbuch für Zaubersprüche zur Verbesserung deines Lebens (Zauberbücher für Anfänger 1) von Bridget Bishop
Der-weg-nach-hause.de
Dwds.de
Engelundelfen.de
Esoterikforum.de
Esoterisch-leben.de
Farbenundleben.de
Goaravetisyan.ru
Grin.com
Heilkraeuter.de
Hekate-magie.jimdofree.com
Helles-koepfchen.de
Hellsehen-am-telefon.de
Hexe-arkania.de
Hexe-claire.de
Hexe-theresia.de
Hexenalltag.beepworld.de
hexengarten.miraheze.org
Hexen-kult.de
Hexenladen-hamburg.de
Jesuschristusbefreit.com
Juraforum.de
Kartenlegen.org
Kerida.de
Kerzenmagie von Claire vom Heyne Verlag
Kerzenprofi.de
Kleinerlichtblick.wordpress.com
Kunstundmagie.de
Liebenswert-magazin.de
Liebeszaubermagie.com
Magie-lernen.de
Matchamornings.de
Merriam-webster.com
Mittelalter.fandom.com
Murrhardter-zeitung.de
Musikmitmagie.at
mystischerrabe.de
neo-eso.de
Refinery29.com
religiousopinions.com
rohkostwiki.de
rosmarionoel.net
pranahaus.de
psychicrossana.org
qabbalah.de
schamane-des-windes.com
schwarze-magie.info
schwarzemagie.net
Secret-Wiki – Magie
Shadowiki.de
Signs-of-witchcraft.de
Spiegato.com
Spirit-raeucherwerk.de
Szenebilder.de
Tollwasblumenmachen.de
Transinformation.net
Unternehmer.de
Utopia.de
Versaand.de
Viatarot.de
Viversum.de
Voodoo-shop.com
Waldwissen.net
Wikipedia - Altar
Wikipedia – Astrologie
Wikipedia – Astronomie
Wikipedia - Athame
Wikipedia – Aura
Wikipedia – Aura (Migräne)
Wikipedia - Bergamotte
Wikipedia - Chakra
Wikipedia - Esoterik
Wikipedia - Gegenzauber
Wikipedia – Magie
Wikipedia - Moschus
Wikipedia – Okkultismus
Wikipedia - Opferkerze
Wikipedia – Powwow
Wikipedia – Religion
Wikipedia - Session
Wikipedia – Sigillenmagie
Wikipedia - Tarot
Wikipedia – Wahrsagen
Wiktionary.org
Wikiwand.com
Zauber-magie.de
Zauberpower – Magische Hexentipps von Maria May vom VGS Verlag
Zukunftsblick.ch

Für Buchliebhaber

Printed in Poland
by Amazon Fulfillment
Poland Sp. z o.o., Wrocław

11177399R00103